EL TRABAJO
EN LA **POSPANDEMIA**

LOS NUEVOS ECOSISTEMAS LABORALES

PABLO MAISON

Maison, Pablo
El trabajo en la pospandemia

Ciudad Autonoma de Buenos Aires 2023
Linkedin: Pablo Maison

ÍNDICE

AGRADECIMIENTOS

Este libro llega en un momento muy especial por varios motivos. Venimos de una crisis global producto de la pandemia que ha hecho que todos revisásemos nuestros paradigmas y la perspectiva de vida que queremos tener a futuro.

En ese sentido, agradezco a mucha gente que me venía insistiendo para que escribiera mi segundo libro, y a la que siempre le contestaba lo mismo: "lo escribiré cuando tenga algo para contar". Pues bien, luego de 10 años del libro anterior y habiendo pasado el impacto inicial de la pandemia, sentí que tenía algo para compartir. Ideas que provienen de la experiencia de lo vivido como así también de la información creada por muchas usinas de contenido global que me nutren permanentemente. El desafió de este ensayo ha sido combinar nuevamente esos dos mundos; el de la práctica y el de los conceptos teóricos para construir contenidos simples, fáciles de leer y prácticos para la vida organizacional.

En esa línea, siento que la parte grafica del libro es clave porque Daniela Kramer me ha ayudado a sintetizar con sus maravillosos dibujos las ideas principales que quise capturar.

Vaya un pedido de disculpas por no haber podido incluir en este libro, como si lo hiciera en el del 2013, los problemas y encrucijadas en las que se encuentran una gran cantidad de personas en Latinoamérica y Argentina. Aquellos que no trabajan ni estudian, que no tienen la posibilidad de ingresar o permanecer en el mundo laboral por falta de habilidades profesionales y educación. Necesitaría otro libro entero para abordar ese mundo que en muchos casos es mayoritario, de gente excluida de los sistemas laborales formales. Es probable que en el futuro lo abordé, pero en este caso quise focalizarme en lo que nos dejó la pandemia y la pospandemia para quienes estábamos en el mundo laboral formal. Disculpas entonces, si el libro les suena demasiado "primer mundista".

En síntesis, sentí la necesidad de compartir ideas simplemente porque tenía cosas para contar. Espero que disfruten el libro y que me compartan todo el fedback posible para seguir aprendiendo y mejorando.

En esta oportunidad a diferencia de la primera vez, elegí brindar el libro de manera gratuita para todo aquel que quiera leerlo. Siento que es una manera de devolver todo lo que mi profesión me ha dado. Compartir ideas y experiencias, democratizando su lectura lo máximo posible, en gratitud a tanta gente que me acompaña o me ha acompañado a lo largo de estos 30 años de profesión.

Aprovecho para agradecer a todos los que considero co responsables de este libro:

- A Tom Giovanetti que me regalo su sentido prologo y que me apoyo con su empresa TGA en la difusión del libro.

- A Silvina Scheiner, que me ayudo a escribir el libro con su pluma tan profesional.

- A Daniela Kramer, que se ocupó de la gráfica con una claridad meridiana para transformar ideas en bellos dibujos.

- A Maria Noel Carrizo, que se tomó el tiempo de aportar sus ideas con generosidad.

- A mi madre, que ya en el final de su largo camino, me sigue enseñando a vivir con libertad y responsabilidad.

- A mis hijos y amigos que me acompañan a transitar la vida que tengo la suerte de vivir.

- A la memoria de Jorge Mosqueira.

PRÓLOGO

En un mundo que nunca deja de evolucionar, la pandemia de CO-VID-19 se erigió como un catalizador inesperado que aceleró el proceso de cambio en la forma en que trabajamos.

Es sabido que el cambio en el trabajo va más allá de las herramientas y las plataformas digitales; se trata de las personas que impulsan ese cambio, de las comunidades laborales que se forman y del impacto que tiene en nuestras vidas. El libro de mi amigo Pablo es un llamado a la reflexión, un recurso para entender y abrazar este nuevo paradigma laboral, y una guía para quienes desean liderar el camino hacia el futuro.

Cuando Pablo me propuso escribir este prólogo, además de honor, sentí que era un gran desafío. El desafío era sintetizar en pocas palabras la diversa cantidad de tópicos y extraordinario contenido que este libro aborda, y que con tan solo 95 páginas dejó mi cabeza dando vueltas.

Hace años nos enfrentamos a una disrupción global que nos hizo cuestionar nuestras prácticas laborales y nos empujó hacia un futuro digital, donde la adaptación se convirtió en la clave de la supervivencia. En estas páginas verás un testimonio de nuestro viaje a través de la transformación. En él, se exponen cómo las empresas, los trabajadores (en su diversidad) y la sociedad en su conjunto se han adaptado, ajustado y renovado en respuesta a un panorama laboral en constante cambio.

Desde la adopción de la tecnología hasta la reinvención de las relaciones laborales y la redefinición de la cultura empresarial, este libro desglosa los desafíos del camino hacia un mundo laboral post-pandémico. La transformación digital ya no es un mero concepto; es una realidad que se vive día a día.

A medida que exploramos las páginas que vienen, descubriremos cómo la tecnología ha ampliado nuestras posibilidades, creando nuevas oportunidades y desafíos para todos nosotros tocando temas como nuevas formas de aprender, cómo la gamificacion; y, al mismo tiempo, sin perder de vista el aspecto humano de esta evolución.

En este libro uno de los expertos más relevantes de América Latina en materia de recursos humanos, decide compartir sus conocimientos y experiencias sobre cómo el trabajo, la tecnología y la humanidad se entrelazan en la era pospandémica. A medida que te adentres en las páginas que siguen, te invito a que imagines un futuro en el que el trabajo no sea solo un medio para ganarse la vida, sino una oportunidad para crecer, aprender y contribuir al mundo de formas en las que nunca antes habíamos imaginado.

El cambio es constante, pero estoy seguro que cuando termines de leer este libro, te llevarás muchos desafíos para, desde tu lugar, seguir creando un futuro laboral que sea más equitativo, inclusivo y sostenible. Prepárate para explorar los horizontes del trabajo pospandémico y descubrir cómo la transformación digital está forjando un camino hacia un mundo laboral más prometedor.

Tom **GIOVANETTI - CEO &** Founder **TGA (24** años**)**

EL TRABAJO, ENTRE LA POSMODERNIDAD Y LA PANDEMIA

EL TRABAJO, ENTRE LA POSMODERNIDAD Y LA PANDEMIA

En el año 2013 escribí mi primer libro "El trabajo en la postmodernidad", allí pudimos analizar las tendencias estructurales de lo que se vislumbraba como el nuevo mundo del trabajo y trazamos un panorama evolutivo de lo que posteriormente fueron los grandes cambios de la transformación o revolución digital.

En aquel momento, mi intención principal era comprender el impacto que se estaba dando por el ingreso de las nuevas generaciones en el mundo laboral, también llamadas "Generación Y" o "Millennials".

Quería explicar cómo esa nueva generación de jóvenes influía poderosamente en las dinámicas sociales y vinculares, que se gestaban en las empresas; y cómo éstas, algunas estratégicamente y muchas otras con fórceps, debían adaptarse.

Cuando elegimos el término "posmodernidad" en aquel primer libro, fue justamente para describir la época en la cual comenzaron a suscitar estos grandes cambios, tal vez hoy haciendo una crónica de aquel momento, la elección de un concepto sociológico para el título de ese primer libro quizá fue influenciada por mis comienzos en la Facultad de Ciencias Sociales de la Universidad de Buenos Aires, allá por los años 90.

La idea de la hibridez autorreferencial de los jóvenes; es decir, que se definen por la autoconstrucción basada en ideas "un poco de acá y otro poco de allá"; podemos asociarlo al concepto de posmodernidad, tal cual lo definimos hace diez años atrás en aquel primer libro. Poniendo en evidencia que estas generaciones no están marcadas ideológicamente por las generaciones precedentes, sino más bien abriendo camino a un nuevo sistema de valores.

Esto hace que la Generación Y, que hoy ya está instalada en forma definitiva en el mundo del trabajo, sea una generación muy poco entendida por las previas, básicamente porque es la primera que ha cortado un lazo cultural con sus antecesores; desandando caminos que estaban instalados rotundamente por un sistema socio laboral indiscutible. Esto no lo hace ni mejor ni peor, mi intención no es hacer un juicio de valor sobre los hechos, sino poder compartir algunas perspectivas y algunos análisis sobre ello. Finalmente este libro será un ensayo como lo fue aquel, es decir perspectivas y reflexiones asociadas a un fenómeno observable, en mi caso desde la práctica del día a día en organizaciones.

Podríamos concluir que las Generación Y o Millennials comenzaron a escribir en una hoja en blanco, por no aceptar los borradores que las generaciones previas le habían dejado.

¿Qué implicó o implica ese fenómeno mencionado de la irrupción de los millenials? **Podríamos arribar a que hay fenómenos ideológicos en el mundo del trabajo que generan rupturas con los modelos previos**.

No es mi intención describir nuevamente a toda aquella generación sobre la cual me extendí y profundicé en mi primer libro;

pero sí retomar algunas ideas que hoy recobran un gran valor a la luz de la aceleración de los cambios que se han dado en el mundo del trabajo como producto de la pandemia del COVID -19 y la post pandemia.

Cuando hablamos de posmodernidad, y de los jóvenes que la cohabitan y construyen, destacamos algunas ideas centrales.

Una de ellas es la despolitización, es decir la falta de ataduras no sólo a los partidos políticos, sino también a las ideas políticas precedentes. Esto que hoy pone en crisis a los sistemas políticos y los cuestiona en sus fundamentos, está relacionado con la falta de herencia, con la ruptura de los mandatos políticos de las generaciones anteriores.

Esto provoca marcos ideológicos mucho más frágiles, no sólo en lo político, sino en todos los aspectos de la vida cotidiana que incluyen hasta las creencias religiosas; podríamos arribar a un carácter transitorio de los fundamentos de lo político

Las creencias políticas y/o sociales ya no son mandatos heredados, sino que son co-construidas en el presente a partir de una auto-percepción del mundo. Claro que un mundo con sobredosis de datos y de información.

Este mundo con datos a gran escala e información compartida – a través de la tecnología y la digitalización - hace que las ideas unívocas sobre el mundo ya no existan.

Las ideas son construidas a partir de cientos de perspectivas diferentes, que en la mayoría de los casos son globales y ya no locales.

La importancia sobre "la ecología", "la diversidad" y "el respeto hacia la humanidad" se instalan como ideas universales que interpelan con la comunidad, convirtiéndose en valores globales.

Estos valores se ubican como creencias fundamentales no sólo para la Generación Y, sino también para su sucesora, la Generación Z.

Existen diferentes comportamientos que se sitúan como modo de relación y vínculo con la sociedad, traemos a la reflexión al llamado "cuestionamiento permanente"; podríamos decir, que la convicción y predominancia dan carácter de "valor"; dado que los jóvenes se reconocen en ellos y forma parte importante de su identidad.

Este valor emergente, opera cuestionando absolutamente todo, hasta las instituciones políticas, religiosas, familiares e inclusive empresariales.

Los valores de la posmodernidad los reconocemos, más como un sistema de creencias que como una serie de principios; que van mutando a lo largo del tiempo - un tiempo relativo, marcado por la aceleración y escalabilidad de la información - a partir de nueva información, que se obtiene y comparte a través de las redes sociales. He aquí, el análisis del impacto de las nuevas tecnologías en la construcción del sistema de creencias de una sociedad.

Ya en el 2013, mencionamos que la credibilidad en las organizaciones de todo tipo, estaba hackeada para estos jóvenes. En la pospandemia este proceso se profundizó por varios factores que ya analizaremos a lo largo de este libro.

Esencialmente, hay una crisis de confianza en las instituciones gubernamentales de todo el mundo, producto de la ineficacia general en el manejo de la crisis pandémica y sus efectos sobre la mortalidad, con el agravante de minimizar los riesgos sobre la salud mental, de una generación de jóvenes y adolescentes que la paso mucho peor de lo que los gobiernos están dispuestos a reconocer.

La calidad de vida y la evolución social de los jóvenes en Argentina y Latinoamérica, en estos últimos diez años, lamentablemente no ha mejorado. Sin duda la exclusión y la marginalidad han crecido profundamente.

La incapacidad de los Estados para dar respuesta a estas cuestiones hace que la desconfianza en estas instituciones haya crecido verticalmente.

En este terreno, no hay otras instituciones que puedan dar soluciones alternativas a la incompetencia del Estado.

Los nuevos jóvenes sólo creen en lo que ven, y lo que ven son las redes sociales, que tienen una dinámica tal que cuentan una realidad construida por los propios jóvenes. Es decir, la historia que ellos interpretan es la misma que ellos construyen, por lo tanto, cuando un millón de "nativos digitales" hablan de algún tema, ya sea empresarial o de otro tipo, sólo "dan crédito" a su propia voz; más allá de lo que la institución involucrada pueda llegar a decir sobre el tema.

Por esta razón, todo el esfuerzo que muchas organizaciones hacen para crear su "marca empleadora" y compartir su "propuesta de valor "con la comunidad, está permanentemente bajo escrutinio de los jóvenes, que trabajan o han trabajado en esas compañías.

Antes mencionamos "marca empleadora", podríamos decir que es una estrategia a largo plazo para posicionar una empresa en el mercado de trabajo.

Ahora bien; ¿cuál tiene más peso?, ¿la voz de las empresas o la voz de una red social como "glassdoor"?[1]

¿Qué opinión es la que más valor tiene, a la hora de elegir una empresa para trabajar?

Como mencionamos antes, los jóvenes creen en lo que ellos dicen y ven; y descreen cada vez más de las instituciones y organizaciones, por ende el peso de la opinión de los "glassdoor" fue ganando cada vez más prestigio.

---

[1] *Glassdoor* "puerta de vidrio" plataforma compartida, donde empleados actuales y antiguos clasifican de forma anónima o publica las empresa en las que han trabajado.

Muchos de los cambios culturales que dejamos entrever en aquel primer libro, El trabajo en la posmodernidad, se fueron consolidando desde el 2013 a la fecha, acelerados por el impacto de la crisis pandémica.

En esencia; lo que está bajo presión y cuestionamiento es "el modelo de construcción de compromiso de las personas con el lugar donde trabajan", simplemente porque cambió la ecuación de lo que la gente está dispuesta a dar a cambio de una compensación.

Ya en el libro "El trabajo en la Posmodernidad" presentamos una perspectiva de la Generación Y absolutamente diferente a las generaciones previas, respecto a lo que estaban dispuestos a dar en el intercambio laboral.

Pues bien, traemos a la mesa el efecto amplificador de la pandemia, "de aceleración de procesos sociales" donde quedó en evidencia no solo para las nuevas generaciones, sino también para otros grupos etarios de generaciones previas; respecto a que puede haber una forma diferente de trabajo, igual o más atractiva que la convencional.

Cuando reaccionamos preocupados ante lo que se dió en llamar "la Gran Renuncia"; fenómeno social nacido en 2021 en medio de la incertidumbre social y económica de la pospandemia y que ha empujado a una gran cantidad de profesionales a abandonar sus puestos de trabajo, con mayor presencia en países desarrollados, creo que la primera interpretación errónea, fue pensar que las personas, estaban renunciando a una compañía específica, en busca de mejores condiciones laborales en otros espacios.

Al transcurrir un poco el tiempo y analizar diferentes casos, países, y empresas, pudimos entender que en el trasfondo de este fenómeno se ocultaba algo más grande, que podríamos llamarlo "reivindicación de una vida e identidad propia"; que dista bastante de querer mejorar o negociar la contraprestación.

Es decir, las personas ya no buscan "una diferente vida laboral"; desean "una vida diferente" en el sentido más extenso de la palabra.

Arribamos al análisis de que las personas hoy eligen un nuevo paradigma laboral.

Las organizaciones nos encontramos hoy llevando adelante todos los complejos procesos que implican tener gente trabajando bajo una misma estructura organizacional.

Trabajamos para que nos elijan; invertimos muchos recursos sobre modelos y sistemas de construcción del compromiso; y a pesar de ello, comenzamos a ver fisuras.

El problema es que, pensamos para un mundo que ya no existe.

Dentro de poco tiempo, será una minoría las personas que querrán trabajar en una organización por un periodo extenso de tiempo.

Paradójicamente, durante años debatimos sobre ¿cómo serían las nuevas generaciones? y ¿cómo se insertaría en los modelos preconcebidos de las empresas?

Hoy nos damos cuenta, de que una gran parte del sistema de valores de las nuevas generaciones se ha posicionado e influido de manera directa sobre la sociedad y sobre muchos de los que pertenecemos a generaciones previas.

En el pasado nos preocupaba, "el constante pedido de los jóvenes para flexibilizar el trabajo y llevarlo a un mundo virtual".

Hoy, pandemia mediante, somos las generaciones previas las que lo disfrutamos y entendemos que esa manera de trabajar en muchos casos es mejor.

Gracias a que los jóvenes GY y GZ, desarrollaron su vida laboral "sin paradigmas previos"; es decir; en una hoja en blanco; las generaciones anteriores a estas; pudimos observarlos - amén de nuestras contradicciones - y logramos auto cuestionar los propios paradigmas que traíamos tan arraigados.

Este punto de cuestionar los paradigmas del trabajo, podríamos decir que, es un cambio profundo; que no solo tiene que ver con la virtualidad, sino con muchos otros factores que veníamos analizando por allá en el 2013, al escribir "El trabajo en la postmodernidad".

En aquel primer libro, señalaba que el problema más importante de no comprender a las nuevas generaciones; no sólo estaba relacionado al desarrollo del negocio puertas para adentro; sino también, puertas hacia afuera.

Es decir; el riesgo de estar frente a una barrera que nos impida entender a nuestros nuevos consumidores y clientes; aquellos que vienen con "su propia hoja en blanco" a cuestionar no solo la calidad de los productos y servicios sino también la manera de desarrollarlos, comercializarlos hasta los mensajes que se transmiten a través de ellos.

Las organizaciones creadas, desarrolladas e integradas por millennials son sin duda más ágiles, "el cambio" será una variable constante para seguir viviendo; porque son las que entienden el nuevo mundo. No obstante, estas nuevas empresas, nacidas en ese nuevo sistema de creencias, también enfrentarán nuevos desafíos; entre ellos, poder seguir descifrando el cambio acelerado que traerán las generaciones sucesoras.

"El fin de las carreras verticales a cualquier precio", "el reclamo del equilibrio entre la vida personal y trabajo ", "las demandas hacia el rol de los líderes" y "la muerte de la jerarquía como valor central en las relaciones de trabajo" son cuestiones que hoy suenan demodé, discusiones de otra época; claramente acelerados por la pandemia del COVID 19. La mayoría de estos temas fueron eje transversal en el libro anterior.

Trabajar 2 años desde nuestros hogares trajo consigo el replanteo "de lo que queremos en nuestras vidas laborales".

Nos empezamos a preguntar:¿Hasta dónde crecer y por qué? ¿a cambio de qué? ,¿por qué dejar un mundo afectivo familiar por una mejor carrera? ¿carrera hacia donde? ¿Cuál es el sentido del control presencial si se puede ser aún más eficiente logrando autonomía?

Pudimos ver cómo maduraron algunas ideas, que planteamos por allí en el 2013. Por ejemplo, el modo casi invisible de gestión del líder, compartiendo información y conocimiento de manera democrática.

Con relación a los espacios de trabajo, hemos planteado una necesidad de mejorar la calidad y apertura; este punto ha mutado a un fenómeno aún mayor; que es la inexistencia de espacios formales y físicos; poniendo a las empresas frente a la demanda de disponibilidad y a la vez poder crear puentes sociales entre los colaboradores de una organización que muchas veces no se ve cara a cara.

Cuando presentamos en el primer libro a la generación Z, la nominamos como la generación emergente posterior a la GY; luego de una década, esta grupo social se encuentra conviviendo en los espacios de trabajo; a lo largo de este segundo libro compartiremos los primeros impactos y cambios que se están visibilizando.

Otros de los procesos que se aceleró en los últimos años, es la demanda, no optativa, de una base cultural diversa, similar a aquella donde operan y se mueven los clientes y consumidores; ya en el libro "El trabajo en la posmodernidad" hablamos de la valoración que veíamos sobre la autenticidad, la tolerancia y la diversidad.

"El trabajo en la pospandemia" pretende reflexionar sobre las marcas sociales que la pandemia ha dejado en la sociedad y en el mundo del trabajo; identificar los desafíos que se nos presenta a raíz del cambio de contexto y comprender las nuevas necesidades de las personas en sus ámbitos de trabajo.

Este nuevo ensayo trata de vislumbrar algunos cambios, a mi entender radicales, que podrían emprender las organizaciones para lograr competitividad y sustentabilidad en esta nueva época que nos tocará atravesar.

CAPÍTULO 1

LAS FASES DE LA PANDEMIA

CAPÍTULO 1

LAS FASES DE LA PANDEMIA

EL TIEMPO Y EL CAMBIO

El mundo del trabajo no implosionó y emergió renovado en el 2020 como por arte de magia.

Diversos cambios habían empezado a gestarse mucho tiempo antes y tratamos de describirlos en el libro anterior; El trabajo en la posmodernidad, Ed.2013.

Me retrotraigo en el tiempo; hacia un pasado no tan lejano. Es importante recalcar que las organizaciones estaban inmersas en procesos de transformación, aunque cada una a su propio ritmo, dependiendo de la industria, la cultura, el tamaño, la antigüedad entre otras características.

Ahora bien, esos procesos de cambio asimétricos y tan particulares que comenzaban a tomar forma, encontraron en la pandemia del COVID 19 un catalizador que aceleró todo.

El tiempo que cada organización tenía para transformarse, adaptarse o reinventarse, quizá una década, tal vez un poco más o un poco menos; obligo a hacerlo con la urgencia y angustia del presente.

La pandemia fue un punto de inflexión o un "turning point"; es decir, un evento clave que alteró la trayectoria vital de los procesos de transformación, que las empresas estaban transitando. Nos irrumpió un tsunami de cambios sin importar la mayor o menor afición cultural que estas - las organizaciones - tenían por el cambio.

Fue un cambio fuera de total previsión, hizo que los sistemas de valores y la propia organización interna, fueran cuestionadas por primera vez quizás en décadas y en algunos casos, en siglos.

Estábamos viviendo algo pocas veces visto; factores externos al mundo organizacional impactaron de forma directa y abrupta sobre cualquier planificación,   incluso en aquellas compañías más profesionalizadas.

Para hacer un poco de prospectiva, es decir entender si los cambios implementados fueron sostenibles o si las disrupciones internas seguirán sucumbiendo lo instaurado/establecido; nos adentramos en este primer capítulo; en el cual analizaremos el impacto de las acciones que se llevaron a cabo en las distintas fases de la Pandemia.

Con la pandemia aún como recuerdo cercano y con algún tiempo ya transcurrido, podríamos decir que estamos en mejores condiciones de entender y elaborar lo que sucedió en las organizaciones.

Con menos emociones a flor de piel, estamos listos para revisar cómo se atravesó ese fenómeno y cómo reaccionaron las organizaciones a partir del inolvidable "marzo de 2020".

Para comenzar con el análisis, vamos a identificar a ese marzo fatídico como el comienzo de la "Fase 1" o "Respuesta Inicial a la pandemia".

Durante esta Fase, las empresas se enfocaron en tres pilares fundamentales. Comenzamos por el primero; el desarrollo de un **"marco regulatorio integral de protección para los empleados"**.

En este sentido las empresas se esforzaron por adaptarse de manera efectiva para salvaguardar la salud y el bienestar de sus colaboradores, al tiempo que mantenían sus operaciones activas para satisfacer las necesidades de sus consumidores y clientes.

El segundo pilar de esta fase lo denominamos **"articulación de la cohesión social interna"**. En un mundo en el que coexisten trabajadores que debían enfrentarse físicamente al virus y otros que tenían que trabajar de forma remota desde sus hogares, se presentaba un desafío significativo, es decir analizaremos cómo las organizaciones pudieron mantenerse en funcionamiento.

El tercer pilar resultó crucial para las organizaciones más grandes. Lo llamamos **articulación del soporte social externo** y se centra en la forma en que se asignaron recursos para brindar ayuda a las comunidades en la que operan estas compañías.

1 - MARCO REGULATORIO INTEGRAL DE PROTECCIÓN

Durante la pandemia de Covid 19, el mundo organizacional se enfrentó a una necesidad apremiante de coordinación interna y manejo de la urgencia, que no había sido experimentada de esta manera en la historia de la humanidad; ante la acelerada propagación de una epidemia sin precedentes, se hizo imprescindible una respuesta rápida y eficaz.

En esta etapa inicial, la falta de definiciones claras por parte de los estados y la escasa coordinación con el sector empresarial generaron confusión adicional a las acciones necesarias, las cuales de por sí ya eran imprecisas.

Manejo de la urgencia. El primer desafío

Es evidente que algunos estados lograron desarrollar protocolos de manera más rápida, pero en general, esa falta de coordinación e información ejerció una gran presión sobre las compañías durante esa primera etapa inicial, en la que reinaba mucha confusión respecto de la contagiosidad del virus y su forma de transmisión entre las personas. Incluso en las grandes empresas a nivel mundial, hubo constantes cambios en las medidas de protección que se debían tomar.

La manera más práctica que encontraron las organizaciones para monitorear y controlar la situación fue la de generar **protocolos internos y definiciones**, con la finalidad de establecer estándares mínimos de protección. Se crearon comités en el que participaron diferentes profesionales; especialistas en materia de salud, equipos médicos internos de las compañías, áreas de recursos humanos y responsables de las operaciones.

Uno de los principales objetivos de estos equipos, fue la elaboración de protocolos de operación, centrados en el manejo de los grupos de riesgo, la implementación del trabajo remoto y la adopción de medidas preventivas para salvaguardar la salud de los empleados y evitar la propagación del virus .

El "marco regulatorio integral de protección" planteaba un escenario complejo y difícil a la vez. Había individuos que debían afrontar la necesidad de seguir operando diariamente en actividades esenciales, como la producción de bienes y la atención a los consumidores y clientes. Dichos trabajadores no tenían la opción de elegir, si podían o no prestar ese servicio, ya que los estados nacionales definieron, cuáles eran esas "actividades básicas" o "servicios esenciales".

Uno de los primeros y mayores desafíos que enfrentó el mundo organizacional fue la tarea de explicar y convencer a los empleados, así como a los sindicatos, sobre la imposibilidad de brindar opciones de trabajo virtual para ciertos trabajadores. Lamentablemente, esto generó inequidades en la gestión de esta fuerza laboral, algo que ciertamente no se buscaba ni deseaba.

Primeras huellas

La forma en la que las organizaciones han implementado medidas de cuidado para sus trabajadores esenciales ha tenido un impacto significativo y probablemente seguirá influyendo en la relación laboral a largo plazo. Esta acción ha demostrado **el compromiso de las empresas hacia la seguridad y bienestar de su personal**, estableciendo un precedente importante para la forma en que se establecerá y mantendrá dicha relación en el futuro.

En un momento de profunda incertidumbre, donde el miedo y las ansiedades eran abrumadoras, la forma en la que las compañías gestionaron los procesos de trabajo presencial dejará una **huella duradera** en la relación futura con sus empleados.

En los momentos de crisis, se pone de manifiesto el **verdadero valor y la importancia del liderazgo en las organizaciones**, especialmente en lo que respecta al trato hacia su capital humano. La pandemia ha sido un claro ejemplo de ello, destacando el papel fundamental que desempeñaron los trabajadores esenciales, quienes se ubicaron en primera línea y pusieron el cuerpo para mantener en marcha los servicios esenciales.

Es difícil determinar cómo se puede reconstruir la confianza en casos donde los trabajadores se han sentido desprotegidos. Sin embargo, **es evidente que las organizaciones deben aceptar y comprender la huella emocional dejada en los trabajadores para poder gestionar esa relación de cara al futuro**.

En aquel momento histórico, marcado por la incertidumbre, los empleados observaron si sus empresas superaban o al menos cumplían con los estándares mínimos establecidos por el estado nacional para protegerlos. Registraron aquellas compañías que adoptaron medidas drásticas y proactivas para cuidar a sus trabajadores destacándose por encima de aquellas que simplemente se limitaron a cumplir con la reglamentación básica estipulada.

Paradójicamente, la inclusión de la definición de los denominados "grupos de riesgo" en esos protocolos, basada en factores como la edad y enfermedades prevalentes, destacó una situación compleja para las empresas en relación con la disponibilidad de información sobre sus colaboradores.

Esta situación planteó interrogantes sobre cómo obtener y gestionar adecuadamente la información confidencial de los empleados, respetando al mismo tiempo su privacidad y protegiendo sus datos personales. Las compañías debían evaluar y establecer procedimientos claros y seguros para recopilar y utilizar esta información sensible, garantizando el cumplimiento de las leyes y aplicando la protección de datos.

Los datos y el análisis no son solo indicadores para medir la gestión, sino también herramientas para manejar eficientemente procesos traumáticos o de impacto organizacional.

La agilidad. Asertividad en los primeros pasos

Durante esta crisis, aquellas organizaciones que tuvieron acceso a información digital en línea articulada pudieron tomar decisiones rápidas en cuanto a la protección de sus empleados; es decir, las empresas que contaban con una buena información sobre sus trabajadores, incluyendo su salud, edad, composición familiar y ubicación, pudieron implementar acciones preventivas de manera más ágil y minimizar el impacto tanto en los grupos familiares como en la operación de la organización.

Además, las compañías que buscaron información y asesoramiento externo para gestionar esta crisis y establecer marcos regulatorios marcaron una diferencia significativa en comparación con aquellas que simplemente implementaron protocolos definidos por los estados nacionales. Este asesoramiento externo permitió tomar decisiones más acertadas de manera más rápida, cuidando de manera más efectiva el capital humano.

La otra parte del marco regulatorio integral de protección tiene que ver con la implementación del home office en la primera etapa de la pandemia.

El marco regulatorio integral de protección también incluye la implementación del teletrabajo durante la primera etapa de la pandemia.

Es importante comprender los dos mundos que coexisten en el ámbito organizacional: aquellas empresas que ya tenían experiencia previa en la implementación de trabajo virtual, y las que no lo tenían; debido a la naturaleza de su industria o por aspectos culturales.

Las empresas que ya tenían experiencia previa en el trabajo virtual, aunque en su mayoría limitada a uno o dos días por semana en ciertos sectores, se destacaron por su capacidad de reacción ágil. Estas compañías no solo contaban con los procedimientos internos y los procesos necesarios, sino también con la tecnología disponible para implementar de manera rápida y efectiva el trabajo remoto a tiempo completo durante la pandemia. De esta manera, el trabajo virtual se convirtió en "la modalidad principal" de trabajo todos los días de la semana.

Por otro lado, las empresas "tradicionales" o con culturas menos orientadas hacia el trabajo virtual enfrentaron mayores dificultades. No contaban con procedimientos para operar en entornos virtuales, carecían de tecnología necesaria y se encontraron con una cultura laboral que no recibía de manera favorable esta forma de trabajo debido a preocupaciones sobre el control de los empleados. En este tipo de compañías, la interrupción emergió con fuerza, como consecuencia de la nueva cultura que se necesitaba adoptar y los nuevos procesos que se hacían necesarios, para seguir operando en el nuevo contexto.

El control y el liderazgo

En muchos casos, la implementación de modelos de trabajo virtual fue la parte más sencilla de la transformación. Lo verdaderamente desafiante, como veremos a lo largo de los capítulos, fue establecer procesos de trabajo basados en una nueva cultura que redujo los niveles de control como nunca se había experimentado en la historia organizacional. En cuestión de semanas, los paradigmas del control físico basado en la presencia en el lugar de trabajo se desmoronaron, y los líderes se enfrentaron al desafío de reaprender el liderazgo, desarrollar nuevos procesos para generar confianza y establecer vínculos virtuales.

Increíblemente, las organizaciones se prepararon durante años para cambiar los modelos de gestión de capital humanos, y este acontecimiento inesperado les permitió implementar rápidamente modelos de trabajo virtual con impactos culturales nunca antes vistos.

El gran desafío radicó en cómo ayudar a los jefes y supervisores directos a establecer vínculos laborales sólidos con sus empleados en el entorno virtual, y cómo implementar sistemas de objetivos robustos que permitieran a los empleados trabajar a distancia sin perder el enfoque en las metas y procesos establecidos. En definitiva, se trataba de construir relaciones de equipo y armonía en un modelo digital completamente nuevo para todos.

Esta situación también dio lugar a otra disrupción que vale la pena mencionar, relacionada con las brechas generacionales. Los nativos digitales, es decir, los millennials y centennials, quienes habían desarrollado gran parte de su vida social y recreativa en entornos digitales, fueron los que más rápidamente se adaptaron al nuevo mundo del trabajo virtual. No solo se adaptaron, sino que lo aprovecharon y disfrutaron desde el primer momento.

En contraste, las generaciones previas, que se habían construido en un modelo de gestión presencial en el cual el valor de estar físicamente presente en el lugar de trabajo era fundamental, se encontraron desprovistas de un marco de trabajo que les resultara cómodo para realizar sus tareas.

En medio de toda esta confusión y dificultades iniciales, el papel de los líderes fue determinante. Tuvieron que entender a los miembros más jóvenes de su equipo que disfrutaban ese modelo en el que habían crecido y al mismo tiempo, tener la empatía necesaria hacia las generaciones mayores, quienes estaban preocupadas, asustadas y llenas de incertidumbre sobre cómo serían percibidos sin su "presencia física".

La empatía y el liderazgo

La empatía de estos líderes para comprender las diferentes realidades de sus equipos fue lo que permitió establecer marcos de trabajo más eficaces. **Su rol en la implementación de las diversas estrategias marcó la diferencia para generar modelos de trabajo eficientes**.

Si bien las empresas tuvieron la responsabilidad de proporcionar los marcos conceptuales, la efectividad, o falta de ella, en el trabajo y en el enfoque en los objetivos fue sin duda un logro de la gestión de los líderes sobre sus equipos

En este punto, resulta evidente que la pandemia ha dejado una huella profunda en las relaciones laborales entre jefes y subordinados, cuyas consecuencias se irán manifestando en los tiempos venideros. El interrogante que surge es si esa marca podrá ser superada y cómo impactará en el relacionamiento con los equipos a largo plazo.

Es crucial analizar a qué velocidad tanto los jefes como los subordinados se adaptaron a este nuevo mundo y, más importante aún, con qué nivel de empatía lo hicieron. La empatía, entendida como la capacidad de comprender y sentir la realidad del otro, desempeña un papel fundamental en la forma en que se han abordado las situaciones particulares de cada miembro del equipo. Es esencial evaluar cómo los líderes han recibido y atendido las dificultades y preocupaciones de sus colaboradores, y si han logrado ofrecer soluciones desde su posición de liderazgo.

En este sentido, considero que la pandemia ha traído consigo un cambio histórico y significativo en los modelos de liderazgo. No solo ha sido desafiante gestionar a través de la virtualidad, sino que también se ha incrementado la necesidad de **cultivar la empatía y reconocer las necesidades individuales de cada persona en el equipo**. Los líderes del futuro serán aquellos que hayan comprendido y asimilado esta lección, adaptándose a los cambios y estableciendo relaciones laborales más cercanas y compasivas.

El liderazgo empático y centrado en las necesidades individuales se convierte en una cualidad esencial para construir equipos fuertes y resilientes en un mundo pospandémico.

2 - ARTICULACIÓN DE LA COHESIÓN SOCIAL INTERNA
Claridad en el mensaje

Una de las nociones más importantes que las compañías tuvieron que instaurar, durante el periodo inicial de la pandemia, fue la idea de que **todos, ya sea de manera virtual o presencial, estábamos trabajando**. Esto representó uno de los mayores desafíos para los líderes en las industrias más tradicionales, donde la noción del trabajo desde casa estaba asociada al "no trabajo".

Los trabajadores expuestos físicamente tenían legítimas inquietudes al preguntarse por qué tenían que poner su cuerpo en riesgo mientras otros no lo hacían. En esencia, la respuesta era sencilla, pero desde un punto de vista emocional y de cohesión social, fue necesario trabajar arduamente para establecer la idea de que **todos estábamos contribuyendo sin importar dónde lleváramos a cabo nuestras labores**.

Consolidar esa cohesión social fue una forma de asegurar no solo a los trabajadores esenciales, sino también a los que trabajaban de manera virtual, que se sentían temerosos y preocupados, de que su labor seguía siendo relevante y que no eran prescindibles.

Otro cambio esencial durante esta etapa inicial de la pandemia, que también dejará una huella, fue la comunicación con los empleados. No me refiero únicamente al canal o medio utilizado, sino a cómo las empresas se relacionaron con su personal para mantenerlos informados y cuidados. Fue crucial demostrar preocupación por su salud y facilitar los procesos para que todos, tanto los que trabajaban de forma presencial como los que lo hacían virtualmente, tuvieran acceso a la protección necesaria en esos momentos tan angustiantes.

La comunicación centrada en enseñar a los empleados cómo protegerse y brindarles información sobre los procesos logísticos para garantizar su seguridad, ha sido un factor diferencial en la construcción de un compromiso a largo plazo. Aquellas compañías que trabajaron en ello lograron fortalecer significativamente los vínculos con su personal.

En esa misma línea, también es importante considerar cómo las empresas expresaron o no su agradecimiento y reconocimiento a aquellos que continuaron asistiendo físicamente a su lugar de trabajo.

Reconocimiento individual

Durante esos momentos iniciales, donde la incertidumbre prevalecía, fue vital no solo comunicar aspectos relacionados con la salud y proporcionar elementos de protección de manera constante, sino también **reconocer y valorar a las personas** que se exponían al virus, ya fuera en una fábrica, en un punto de venta o en cualquier otro entorno presencial. Me refiero a cómo las empresas fueron capaces de establecer compensaciones excepcionales para aquellos empleados que se encontraban en situaciones de exposición.

No puedo afirmar con certeza si todas las compañías han dedicado el tiempo suficiente para expresar ese reconocimiento, pero es innegable que esto también dejará una huella a largo plazo.

En esos primeros momentos muchas industrias se vieron gravemente afectadas por una caída abrupta de sus ventas, Sin embargo, más allá del impacto económico, la forma en que las empresas trataron de manera excepcional las remuneraciones de sus empleados y facilitaron la logística para que pudieran desempeñar sus tareas, dejó una huella significativa.

Esto demuestra cómo, en momentos críticos, las organizaciones cumplen, o no, con su responsabilidad de cuidar a su capital humano.

En otras palabras, se contrastó la coherencia entre lo que las compañías decían hacer por sus empleados y lo que realmente hacían. Aquellas que lograron sincronizar sus palabras y acciones en lo que respecta al cuidado de sus empleados demostraron una ventaja competitiva. A largo plazo, tanto el reconocimiento desde el punto de vista económico como el agradecimiento y la facilitación de la logística de transporte también generaron vínculos duraderos que serán difíciles de cuestionar.

Cercanía

Las actividades de integración y contención para aquellos que trabajaban desde sus hogares fueron esenciales para cuidar la salud mental y garantizar la cohesión social interna. La cercanía de los líderes, su comunicación activa, organización y participación en estas actividades resultaron fundamentales para que las personas pudieran reducir sus niveles de incertidumbre y ansiedad en relación con lo que estaba sucediendo. Las actividades colectivas jugaron un papel crucial al conectar a personas que se encontraban en sus hogares, experimentando niveles de estrés nunca antes vistos, y se convirtieron en excelentes canales para transmitir la información tan necesaria en ese momento.

Otro aspecto importante fue el monitoreo del clima interno y cómo las compañías se preocuparon por saber lo que estaba sucediendo con sus empleados, tanto presenciales como virtuales.

Muchas empresas, implementan modelos de encuestas digitales **para comprender las necesidades individuales y colectivas de los trabajadores**, lo cual proporcionó información precisa sobre cómo estaban viviendo la pandemia. Estos sistemas de monitoreo digital del clima interno brindaron a las organizaciones y a sus líderes una mayor comprensión de cómo gestionar el colectivo de trabajo en relación a las necesidades más apremiantes, como la salud física y emocional, así como el cumplimiento de los protocolos laborales.

Algunas compañías tuvieron la capacidad de identificar rápidamente esas necesidades y brindar **respuestas adecuadas**. Aquellas que no lograron captar con rapidez las demandas de la situación, probablemente hayan experimentado un impacto más negativo en su clima laboral.

3 - ARTICULACIÓN DEL SOPORTE SOCIAL EXTERNO

En las últimas décadas, se ha hablado mucho sobre la Responsabilidad Social Empresarial (RSE), tanto en términos de sostenibilidad como en el papel social que desempeñan las organizaciones.

En momentos de crisis profunda, se ha pedido a las empresas en diferentes partes del mundo que cubran necesidades que los estados no podían abordar, brindando apoyo económico a las comunidades donde operan.

Muchas organizaciones respondieron acercándose a través de contribuciones directas a instituciones de salud, gobiernos locales y municipios. Otras empresas ofrecieron soluciones basadas en los bienes o servicios que comercializan.

En muchos casos, se formaron redes integradas por familiares de los empleados y se llevaron a cabo acciones directas para ayudar a las comunidades cercanas a la empresa o en sus áreas de influencia.

Aquellas empresas que pudieron brindar apoyo no solo a través de contribuciones económicas, sino también brindando apoyo social, información y asistencia logística a los trabajadores y sus familias, son las que han dejado una **huella duradera** en esas comunidades y han fortalecido su reputación o "marca empleadora".

La pandemia ha dejado en claro cómo las empresas actúan realmente en situaciones de crisis.

Es el momento de "caminar el discurso", es decir, demostrar coherencia entre lo que se dice y se hace.

Las diversas huellas dejadas por las acciones de las empresas en este campo, al igual que en muchas otras áreas, permitirán seguir construyendo tanto internamente como externamente.

La forma en que las empresas han respondido a la crisis ha dejado una marca significativa y ha brindado oportunidades para seguir construyendo una reputación sólida en el futuro.

FASE 1 / RESPUESTA INICIAL A LA PANDEMIA

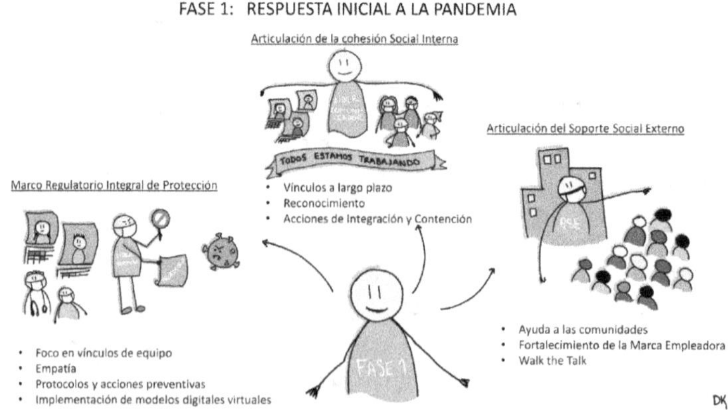

FASE 2 - RETORNO

La fase 2, conocida como "Retorno", es probablemente la más compleja de todas. Si bien el inicio de la pandemia trajo consigo desafíos en la implementación de protocolos para trabajar de forma remota o inclusive de manera presencial con cuidados específicos, el Retorno implicó desandar algunos cambios que se habían establecido durante el tiempo de la pandemia.

Lo complejo del retorno

Todos los trabajadores, especialmente aquellos que habían empezado a trabajar de forma híbrida, tuvieron que adaptarse a una nueva forma de vivir, integrando su trabajo virtual con el manejo de sus espacios personales y su manejo del tiempo. Esta adaptación tan notable ha hecho y hace, que el retorno a las oficinas se convierta en un tema de gran complejidad.

Si bien muchas organizaciones **no han regresado, ni está regresando** con esquemas de trabajo totalmente presencial, similares a los previos a la pandemia, incluso aquellas que han implementado esquemas híbridos, han encontrado una resistencia natural por parte de los colaboradores a volver a las oficinas, incluso en días específicos de trabajo. Esto se da principalmente en grupos de colaboradores jóvenes que, comprensiblemente, han encontrado un nuevo modelo de trabajo y estilo de vida, al que no están tan dispuestos a renunciar fácilmente.

En los países desarrollados, este fenómeno se conoce como "resistencia a la presencialidad" y ha llevado a lo que se conoce como "la gran renuncia", que implica la terminación de contratos de trabajo previos para continuar con nuevas ideas de desarrollo laboral.

En Argentina y Latinoamérica, debido a las características propias del mercado laboral, en donde la desocupación e informalidad laboral ponen un muro de contención mayor, no ha habido una resistencia tan marcada, pero sí ha generado una gran complejidad. Hasta la fecha actual, la mayoría de las organizaciones grandes y medianas aún no ha logrado regresar a sus oficinas con un esquema similar al de prepandemia en términos de presencialidad.

La gran pregunta que los responsables de Capital Humano deberían hacerse es cómo compatibilizar el cambio cultural de los empleados, que han aprendido a trabajar de forma virtual, con la necesidad de contacto físico e integración social que requieren los puntos de interacción presencial a lo largo de la semana.

A lo largo del libro, se presentarán ideas sobre los esquemas híbridos con sus ventajas y desventajas. Sin embargo, por el momento, es suficiente decir que **el enfoque compulsivo evidentemente no ha funcionado para lograr que los trabajadores regresen a sus puestos de trabajo en la oficina**.

En ese sentido, quienes han implementado esquemas híbridos graduales, con la posibilidad de que los empleados elijan los días de trabajo, han obtenido mejores resultados que aquellos que han intentado imponer días fijos. Sin embargo, surge la pregunta de cómo lograr un retorno gradual que permita una adecuada readaptación al entorno presencial, tanto para la organización como para los empleados.

El problema es aún más profundo: durante la pandemia, se demostró que el trabajo virtual o híbrido puede ser altamente productivo tanto para las empresas como para los empleados. Este argumento sólido es difícil de refutar. Entonces, ¿cómo combinar eficazmente estos dos mundos?

Propuestas flexibles

El punto de equilibrio entre "esos dos mundos" aún no está claro, pero se necesita una propuesta gradual de evolución que ayude a los empleados a reconectarse parcialmente con el entorno presencial de manera eficiente.

Uno de los aprendizajes que podemos destacar es que las decisiones centralizadas y compulsivas sobre las formas de trabajo no tienen un impacto positivo en las poblaciones laborales, especialmente entre los jóvenes.

El gran desafío para las empresas es ofrecer modelos de trabajo lo suficientemente flexibles como para que los jóvenes y los colaboradores en general regresen a la presencialidad sin perder la productividad que demostraron durante la pandemia.

ETAPAS DE LA FASE RETORNO

1. DISEÑO DEL NUEVO MAPA DE RIESGO

La primera complejidad que surgió al regresar a las oficinas en la post pandemia fue el manejo de los llamados grupos de riesgo.

Grupos de Riesgo

Estos grupos de riesgo incluyen empleados con enfermedades preexistentes, mayores de 60 años o con otras afecciones que aumentan el riesgo de contagio de COVID-19. Durante el periodo en que la vacunación en Argentina y Latinoamérica no era suficiente para garantizar un retorno seguro al trabajo, la mayoría de las compañías optaron por preservar a los grupos de riesgo y evitar su regreso físico. Con el avance más efectivo de la vacunación, la reincorporación se agilizó, pero las empresas tuvieron que proporcionar cuidados especiales a estas poblaciones mediante precauciones adicionales.

Coordinación logística

El segundo tema fue coordinar la logística del transporte, un elemento crítico para todas las organizaciones en la post pandemia, ya que la mayoría aplicó restricciones de aforo que limitaban la cantidad de personal presente en las oficinas en un mismo día.

Esto generó una atomización significativa de los empleados en diferentes días de la semana, lo que requirió esfuerzos específicos en transporte por parte de las compañías.

Durante los primeros momentos de la pandemia, los medios de transporte tradicionales también tenían restricciones y frecuencias reducidas, lo que causó muchas dificultades para los empleados.

Posteriormente, cuando el transporte público regularizó sus servicios, las empresas tuvieron que coordinar la logística de manera cuidadosa, ya sea mediante transportes individuales, en micros o transportes similares para garantizar los menores niveles de contagio.

Aforos. Protocolos de Interacción física

Durante el proceso de retorno en la post pandemia, otra dificultad se presentó al tener que mantener los aforos para asegurar un distanciamiento adecuado y prevenir contagios. Los nuevos protocolos de interacción física desempeñaron un papel crucial al garantizar suficientes espacios de trabajo e interacción social en oficinas y fábricas, dos entornos productivos donde implementar estos protocolos resultaba más desafiante. Con el avance de la vacunación y la mejora en los casos de contagio, los espacios de interacción se expandieron progresivamente y con menos restricciones, permitiendo una interacción más amplia y enriquecedora

La importancia del entramado social

Considero que es fundamental recuperar los espacios sociales y gozar de una interacción con la menor cantidad de limitaciones posibles, justamente para volver a recrear las relaciones positivas en los ámbitos de trabajo, tanto en las oficinas como en las plantas.

Lo mismo ocurre con los controles de ingresos no sólo para el personal propio sino también para terceros externos a la compañía. Todo lo que tiene que ver con control de temperatura, provisión de elementos de protección, firma de protocolos tanto para el personal propio como externo debe ser realizado de la manera más rápida posible para evitar procesos burocráticos en la interacción social, siempre cuidando la salud y respetando las normas nacionales.

2. NUEVAS DINÁMICAS DE TRABAJO

A primera vista, queda en evidencia que el trabajo virtual se ha integrado definitivamente a la vida laboral y se está convirtiendo en un requisito indispensable para la empleabilidad, como mencionamos anteriormente. Sin embargo, también implica ciertas complejidades que debemos abordar.

Empresas tecnológicas y Empresas tradicionales

En este sentido, es crucial comprender las desventajas competitivas que pueden experimentar las organizaciones de industrias tradicionales en comparación con las empresas tecnológicas nacidas digitales, que han estado trabajando con modelos de trabajo virtual durante años. Esta problemática afecta a las compañías de industrias tradicionales de todos los tamaños, pequeñas, medianas y grandes. Es evidente que hay compañías pequeñas que probablemente no cuenten con desarrollos tecnológicos para facilitar el trabajo virtual, lo que las coloca en una situación de desventaja competitiva a la hora de atraer talento.

Es importante analizar el fenómeno del trabajo virtual desde una perspectiva social y comprender que lo que parece ser un requisito básico de empleo también puede convertirse en una barrera para ciertas empresas, especialmente en países en vías de desarrollo y en industrias donde todavía se requiere una gran presencialidad debido a aspectos operativos.

En estas industrias, aunque se puedan establecer modelos de virtualidad, no se podrían extender de manera ilimitada, ya que se necesita apoyo para las operaciones industriales, logísticas o comerciales que requieren presencia física.

No sería viable tener la mitad de una compañía de forma física y la otra mitad de manera virtual. Por lo tanto, el gran desafío que tenemos por delante es cómo crear un marco de trabajo que no genere desventajas competitivas para las empresas pequeñas o medianas con menos recursos, ni para las compañías de industrias tradicionales que necesitan una mayor presencia física. Esto representa un desafío significativo para el futuro.

Si bien sería tentador decir simplemente "vamos hacia modelos de hibridez total", considero que podría ser irresponsable no considerar los impactos directos que esto tendría en el negocio y, en última instancia, en las posibilidades de empleo de cada compañía. Por lo tanto, abordaremos este tema de manera más exhaustiva en los próximos capítulos.

En cuanto a las nuevas dinámicas de trabajo, una de las primeras complejidades que surgen es la necesidad de segmentar al personal en el retorno al lugar de trabajo. Durante los primeros tiempos, cuando los gobiernos establecieron restricciones de aforo, fue crucial dividir a la fuerza laboral para garantizar el cumplimiento de dichas limitaciones. Sin embargo, esta segmentación conllevó dificultades para mantener la colaboración y el trabajo en equipo de manera integrada. La forma en que las compañías lograron articular esta segmentación de manera efectiva sin duda tuvo un impacto en las dinámicas de relaciones dentro de la organización durante los primeros tiempos posteriores a la pandemia.

Espacios. + colaborativos y - Individuales

Otro gran impacto de la pandemia, debido a la implementación más extendida del trabajo virtual, ha sido la reducción de espacios físico necesario por parte de las compañías. Esto ha tenido un impacto directo en la reducción de costos en todos los países. Esta reducción de espacio ha puesto una gran presión en la industria del Real Estate y ha provocado una transformación en los modelos de trabajo.

Ahora vemos menos espacios individuales y más áreas colectivas y colaborativas, con un mobiliario completamente diferente. No solo se han implementado mesas de trabajo colectivas al estilo de los espacios de coworking, sino que también se han eliminado las oficinas cerradas, lo que está relacionado además con la desaparición de un modelo jerárquico tradicional.

Estos cambios no solo han llevado a la eliminación de metros cuadrados necesarios, sino que también han generado una dinámica de trabajo más ágil, colaborativa y socializada, lo que ha ayudado a mejorar aspectos que en el pasado eran difíciles de implementar.

Otra cuestión importante es cómo estableceremos las reuniones presenciales en el nuevo modelo de trabajo. ¿En qué marco podemos llevar a cabo reuniones relacionadas con proyectos específicos que se conviertan en una dinámica permanente de trabajo, donde cada encuentro sea una oportunidad para generar espacios de intercambio?

La oficina ha dejado de ser simplemente un lugar de trabajo para convertirse en un espacio de intercambio social que la virtualidad no puede proporcionar. Por lo tanto, el diseño de las oficinas del futuro es clave para que no se conviertan en lugares donde las personas no vayan simplemente a leer sus correos electrónicos y hacer lo mismo que pueden hacer desde sus hogares. Los nuevos espacios de trabajo deben aprovecharse para fomentar la interrelación social productiva y facilitar la conexión entre las personas dentro de una misma organización, e incluso con proveedores y clientes, de manera presencial y efectiva.

Quizás lo más importante que nos ha dejado la pandemia es la idea de que el trabajo virtual es igual de valioso que el trabajo presencial. Aún tenemos que seguir desarrollando ese legado cultural que establece que uno "trabaja" solo si está físicamente en la oficina.

Es fundamental construir nuevos equipos de trabajo que combinen de manera eficiente a aquellos que trabajan de forma presencial y a aquellos que lo hacen de forma virtual.

Los modelos de hibridez pueden ser diversos y esta diversidad puede aportar gran riqueza a la construcción de relaciones sociales dentro de las compañías. Por eso es tan importante que la combinación de personas que trabajan de forma presencial y virtual, tal vez en turnos, con personas externas, pueda contar con un sólido modelo de colaboración que permita que esas relaciones sociales fluyan de manera efectiva.

3. COMUNICACIÓN Y CAPACITACIÓN

En la fase 2 de Retorno, se consolidaron los modelos de aprendizaje en línea o **E-learning y Comunicación en línea**. Durante los casi 2 años de la pandemia del COVID-19, las compañías tuvieron que continuar capacitando a su personal a pesar de las limitaciones de la presencia física. Esto llevó a desarrollar estrategias de capacitación y formación completamente diferentes, basadas en plataformas y sistemas digitales que permitieron compartir conocimientos de manera ágil y virtual, superando la barrera de la no presencialidad.

El fenómeno del aprendizaje en línea, que ya se había establecido en compañías grandes o con una distribución geográfica amplia, se aceleró considerablemente.

De la noche a la mañana, todos en las organizaciones aprendieron a utilizar herramientas como Zoom, Teams, entre otras, con cierta desesperación. Los millennials y centennials claramente tuvieron una ventaja competitiva, ya que desde temprana edad habían desarrollado habilidades para adquirir conocimientos de manera digital. Sin embargo, para las generaciones anteriores, que habían construido su aprendizaje de manera predominantemente presencial, esto representó una complejidad adicional a las ya impuestas por la pandemia.

En ese sentido, uno de los desafíos a corto y mediano plazo que las compañías deberán enfrentar es cómo desarrollar la construcción de conocimiento a través de medios digitales, con un acompañamiento pedagógico adecuado, para que las diferentes generaciones puedan adquirirlo y no se amplíe aún más la brecha generacional/digital.

En la actualidad, gran parte del entrenamiento organizacional se lleva a cabo a través de plataformas o de forma no presencial. Es importante comprender cómo se ha producido esta adopción de conocimientos, cómo se ha evaluado y, sobre todo, cuál ha sido su impacto en la mejora de las habilidades laborales de las personas.

Un proceso sumamente interesante que ha surgido con el uso de las plataformas digitales se relaciona con la comunicación empresarial. La forma en que las empresas transmiten información ha experimentado una rápida transformación, pasando de reuniones presenciales, comunicaciones por correo electrónico y otras plataformas más antiguas a sistemas que permiten compartir y comunicar de manera ágil y virtual, ya sea a través de redes sociales colaborativas internas u otras plataformas digitales.

El proceso de comunicación interna y sus fenómenos asociados se han acelerado a una velocidad nunca vista. Surge entonces la pregunta de si conservaremos estos nuevos diseños o si tendremos que diseñar otros en el futuro. El desafío radica en cómo lograr mantenernos conectados en un mismo lugar comunicativo, compartiendo información y proporcionando retroalimentación a la organización de manera constante.

En este sentido, las organizaciones han aprendido que la comunicación ya no es unidireccional, es decir, de la organización hacia los empleados. Ahora es un proceso recíproco y en este nuevo escenario, las empresas deben estar dispuestas a comunicar, pero también a escuchar la voz de sus empleados a través de estas vías digitales, inclusive, aunque esas voces sean disonantes con el mensaje corporativo.

Este cambio cultural es profundo, no solo en términos de la noción de bidireccionalidad, sino también en cuanto a la velocidad de circulación de la información y las consecuencias que se derivan de la aceleración de estas dos vías de comunicación. En la era de las redes y la hiperconexión, la estrategia adoptada por una compañía moldeará su futuro. Aunque las empresas partan de diferentes posiciones, ya sean industrias tradicionales o empresas tecnológicas, pequeñas, medianas o grandes, locales o multinacionales, el desafío será igualmente relevante para todas.

El proceso de la comunicación interna y sus fenómenos asociados se aceleraron de manera nunca vista. ¿Conservaremos estos diseños? ¿Habrá que diseñar otros en el futuro?

Cómo logramos estar conectados todos, todo el tiempo, en un mismo lugar comunicacional compartiendo y dando feedback a la organización es otro de los grandes desafíos

FASE 2/ RETORNO

CAPÍTULO 2

LA REINVENCIÓN

LA REINVENCIÓN

Es cierto que el impacto del Covid-19 en el mundo del trabajo ha sido profundo y disruptivo para la mayoría de las personas. Sin embargo, los profesionales del capital humano, entre los que me encuentro, somos conscientes de que muchas de estas transformaciones ya estaban en marcha mucho antes de la pandemia. El Covid-19 simplemente actuó como un acelerador implacable, impulsando cambios que ya se estaban gestando.

Las organizaciones se vieron obligadas a "reinventarse" a una velocidad sin precedentes, superando todas las expectativas y llevando a cabo planes de transformación que originalmente estaban previstos para el largo plazo. Este periodo fue comúnmente denominado "la nueva normalidad" por el mundo en general. Sin embargo, personalmente, prefiero llamarlo "la era de la reinvención", ya que se generaron nuevas formas de trabajo y se establecieron relaciones completamente renovadas con los empleados.

En el capítulo anterior, analizamos los efectos a corto plazo, es decir, las medidas iniciales que las organizaciones tomaron para hacer frente a la crisis. En este capítulo, vamos a profundizar en tres factores que considero que entiendo van a perdurar a largo plazo: la transformación cultural, la transformación de las dinámicas de trabajo y la transformación de los modelos de gestión de capital humano.

1 - TRANSFORMACIÓN CULTURAL

Cuando hablamos de Cultura, nos referimos a un sistema de valores, comportamientos y conductas colectivas compartidas en una organización. Este sistema está influenciado por diversas variables y no puede ser comprendido únicamente como resultado de la dinámica individual de cada organización. La cultura es influenciada por el modelo interno de funcionamiento y por numerosos factores externos que la moldean, como los valores sociales, las particularidades nacionales, regionales e incluso locales, así como las diferencias generacionales.

Muchas organizaciones tienen modelos culturales sólidos y robustos que moderan los impactos de los factores culturales externos. Sin embargo, es importante reconocer que estos modelos robustos no pueden entenderse únicamente desde la perspectiva interna de la organización, sin considerar los impactos externos. Por lo tanto, la idea de que una compañía tiene una cultura determinada que define su destino, a mi entender, es errónea o, al menos, parcialmente falsa.

Tomemos como ejemplo una organización con una cultura definida de la cual se siente orgullosa. ¿Es la cultura de su fábrica en Brasil la misma que la de Arabia Saudita? ¿Es la cultura de la fábrica en el noreste de Brasil la misma que la de la fábrica en Porto Alegre, dentro de la misma compañía? ¿Es la cultura de esa organización en las oficinas centrales, donde la mayoría son jóvenes profesionales de 25 años, igual a la cultura en el centro de distribución donde los trabajadores tienen más de 50 años?

Si bien existen rasgos culturales que definen el marco de acción de una compañía, hay un contexto social mucho más amplio que condiciona la evolución cultural de la misma. Allí es donde debemos entender el impacto del COVID-19 en el ámbito social y organizacional. Este contexto más amplio, que comenzó afectando al núcleo familiar y se extendió a las relaciones sociales y al mundo de las organizaciones, generará impactos a largo plazo, tanto positivos como negativos.

En cualquier proceso de cambio, ya sea deseado o no, es importante aceptar los impactos y trabajar en ellos sin negarlos ni exacerbarlos. El reconocimiento de estos impactos permitirá que los procesos de reinvención sean más eficientes y productivos.

En mi libro anterior, "El trabajo en la postmodernidad", hablé de la importancia de comprender los valores socioculturales de los millennials, reconociéndolos para poder adaptar las organizaciones a estos nuevos valores laborales y sociales.

A menudo partimos de nuestros propios valores y esto afecta nuestra comprensión de los demás, "los otros" que son diferentes, lo cual nos impide entenderlos y por consecuencia readaptar nuestras organizaciones con la velocidad que deberíamos.

Aceptar los cambios

El desafío en la era postpandémica es aceptar los cambios que han ocurrido en el mundo de las organizaciones de manera no planificada ni deseada. Se han establecido nuevas formas de relaciones virtuales que han sido impulsadas por la pandemia, pero es importante analizarlas desde una perspectiva intergeneracional.

Las generaciones X y anteriores establecieron modelos de vinculación social basados en interacciones personales centradas en la conversación, un fenómeno básico, pero poco comprendido. Aquellos de nosotros que desarrollamos nuestras carreras profesionales antes del año 2000, por establecer una fecha arbitraria, construimos un modelo de interacción basado en discusiones, debates y resolución de conflictos mediante argumentaciones que seguían una estructura clara de introducción, desarrollo y conclusión. Este proceso de interacción social es completamente diferente al que los jóvenes comenzaron a construir a partir de la explosión de las tecnologías digitales y la masificación de las redes sociales como principal forma de interacción.

Modelos Atomizados de comunicación

Los millennials y los centennials, aunque con diferencias entre ellos, crecieron inmersos en este proceso de comunicación virtual, a partir del cual desarrollaron su propio lenguaje social basado en interacciones cortas, escritas y sin un flujo estructurado de intercambio. Se trata de opiniones concisas que, en muchos casos, no requieren una respuesta y mucho menos un encuentro cara a cara. Este mecanismo es diametralmente opuesto a la conversación, que se basa en la cercanía, ya sea física o a través de un teléfono. El proceso de interacción digital prescinde de esta cercanía y, por lo tanto, a menudo se limita a una sola dirección. Cuando publico algo en Facebook o Instagram, estoy comunicando lo que deseo sin necesidad de obtener una respuesta. Por esta razón, los mensajes de WhatsApp suelen ser breves, desestructurados y no generan continuidad. El proceso de comunicación se atomiza y, en muchos casos, se convierte en unidireccional.

Este modelo de comunicación ya generaba inquietudes en las generaciones anteriores incluso antes de la pandemia.

Durante la pandemia, con la explosión de la virtualidad como el único medio de comunicación, los jóvenes se sumergieron en su propio océano, mientras que el "resto del mundo" tuvo que adaptarse rápidamente a un sistema que no sólo no entendía, sino que en muchos casos cuestionaba.

El resultado central que ha surgido después de la pandemia es el establecimiento casi definitivo de las relaciones virtuales, es decir, aquellas que están mediadas por la tecnología. Sin embargo, este cambio no es radical para los jóvenes, sino solo para aquellos de nosotros que venimos de otros paradigmas, de generaciones pasadas.

Quienes pertenecemos a generaciones anteriores debemos hacer un esfuerzo mucho mayor para ser eficientes en este nuevo modelo de comunicación, en lugar de esperar que los más jóvenes se adapten a nuestras necesidades y entendimientos del pasado, como hemos intentado en décadas anteriores con nuestros hijos y colaboradores, entre otros.

La pandemia ha reconfigurado el mapa cultural y relacional en las organizaciones, desplazando el enfoque hacia las generaciones previas y obligándonos a hacer un reset. Utilizo el verbo "obligándolas" específicamente porque no fue una elección, sino una imposición por el contexto global.

Hoy en día, la cuestión ya no es solo cómo nos readaptamos a nivel familiar, lo cual podría ser tema de discusión para otro libro, sino cómo reajustamos los modelos de comunicación e interacción en las organizaciones.

Una narrativa llena de emociones

Otro aspecto emergente de este proceso de comunicación virtual se relaciona con la expresión de las emociones. Las generaciones anteriores solíamos ser más habilidosas con las palabras, lo que nos permitía filtrar y ocultar mejor nuestras emociones. En contraste, esta generación puede expresar sus sentimientos y pensamientos de manera mucho más directa en 400 caracteres. Cuando recibimos una frase, un tweet o un mensaje de WhatsApp que expone claramente lo que piensan, puede chocarnos. Sin embargo, debemos comprender que esta forma de decodificar rápidamente los sentimientos ajenos es un valioso aprendizaje para aquellos de nosotros que venimos de generaciones previas.

Tendremos que adaptarnos a ese mundo de la **comunicación fragmentada y la expresión emocional intensa** para reinventar el modelo de interacción social dentro de las organizaciones. Si bien no será fácil, será esencial, ya que es la forma en que las nuevas generaciones que están cambiando el mundo se comunican, no solo como empleados o colaboradores de nuestras organizaciones, sino también como clientes y consumidores actuales y futuros.

Entender y transformarnos para comprender este nuevo proceso de relación virtual no es una opción, sino, la única opción; en mi opinión.

Han surgido también nuevos modelos de participación y compromiso en el trabajo, proceso que ha experimentado cambios significativos durante la pandemia, aunque, cabe destacar, ya había comenzado antes del 2020. En mi libro "El trabajo en la postmodernidad", abordé el cuestionamiento y la falta de credibilidad que la sociedad en general y las comunidades en particular tienen hacia las instituciones. Mencioné los niveles extremadamente bajos de confianza en instituciones políticas, religiosas, sociales y empresariales como un reflejo de la era posmoderna. La pandemia puso en primer plano y aceleró al máximo aspectos que las generaciones previas no solían cuestionar, cómo **el impacto de las organizaciones en el ámbito social o medioambiental**.

Ya en los años previos al 2020, las compañías se enfrentaban a desafíos significativos en lo que respecta a construir compromiso con sus colaboradores. La confianza inicial en la relación empleador/empleado, en la que nos habíamos apoyado durante décadas, se estaba diluyendo. La creencia incondicional en todo lo que la organización comunicaba al mundo, estaba en entredicho. Los jóvenes habían introducido un constante espíritu crítico en el entorno empresarial.

Sin embargo, esta nueva forma de "confiar" en la empresa se vio impactada por los dos años de trabajo virtual durante la pandemia, durante los cuales surgieron muchos sentimientos que antes no existían o que estaban moderados.

Queremos vivir el presente

La muerte se hizo tangible para muchos jóvenes, un sentimiento que generalmente está más presente en los adultos mayores. La pandemia, con su cantidad de pérdidas cercanas, colocó a la muerte como un elemento central que impactó la vida cotidiana de los jóvenes y reajustó su percepción social de la vida. La vida dejó de parecerles tan larga como solían imaginarla.

Si bien los jóvenes ya no solían hacer planes a largo plazo antes de la pandemia, ahora se centran aun más en el corto plazo. Su razonamiento se basa en el siguiente argumento: como no sabemos qué depara el futuro para nosotros y nuestros seres queridos, queremos vivir el presente. Esto implica que el trabajo no puede ocupar la mayoría o la totalidad de sus horas vitales, en muchos casos, ni siquiera el mayor esfuerzo. Esta sensación de incertidumbre respecto al futuro se acelera en contextos de crisis económica como el que existe en Argentina o en otros países de la región.

"¿Qué quiero hacer con mi vida hoy?" se ha convertido en la pregunta más frecuente tanto para jóvenes como para adultos. Esta incógnita nos proporciona una pista crucial para el próximo capítulo, que se relaciona con "La gran renuncia" y el modelo de vida que los jóvenes están cuestionando.

Esta noción de la finitud de la vida, que antes se asociaba más con edades avanzadas, planteó un desafío adicional a los sistemas de desarrollo de talento de las organizaciones. Si la generación centennial ya no pensaba en quedarse y crecer dentro de las organizaciones como solíamos esperar, la pandemia aceleró aún más este proceso y, sobre todo, obligó a que el discurso organizacional evolucionara rápidamente para crear espacios de credibilidad que combinaran las necesidades vitales del presente con las del talento futuro.

El gran inconveniente es que muchas organizaciones actuales se basan en modelos del pasado, a menudo surgidos de la adición de nuevas tendencias a conceptos anteriores sin una revisión adecuada. Muchas de ellas aún están lideradas por generaciones que continúan cuestionando los nuevos paradigmas sociales. La pandemia ha hecho que la visión a largo plazo en una organización sea prácticamente una utopía.

En este sentido, el desafío para aquellos que trabajamos en el mundo laboral es encontrar la forma de **construir nuevos modelos atractivos, no para retener a las personas a largo plazo, sino para mantenerlas comprometidas en el corto**, con niveles razonables de compromiso para que puedan y quieran brindar ese esfuerzo adicional o "milla extra" que todas las compañías necesitan para ser competitivas.

Deberemos encontrar formas alternativas de cómo generar esos nuevos modelos de contratación y de relacionamiento, y cómo construir relaciones productivas y de compromiso con los objetivos de la organización. Las organizaciones del futuro tendrán menos empleados en su núcleo y más en modalidad satelital. Los sistemas de interacción y construcción de confianza aún no han sido construidos y los antiguos han sido completamente desmantelados. Ahora debemos comenzar a reconstruirlos.

Relación a largo plazo vs. Experiencia a corto plazo

El término "experiencia empleado" está en auge en el mundo laboral, pero ¿a qué nos referimos realmente cuando hablamos de eso y qué impacto ha tenido la pandemia en este concepto?

Para comprenderlo, recordemos cómo era el modelo anterior de interacción entre los colaboradores y las compañías. Cuando alguien se unía a una organización, se incorporaba a un proceso, a un flujo de trabajo para alcanzar ciertos objetivos. Las empresas ofrecían procesos de desarrollo, capacitación, formación, beneficios y remuneración que, combinados, proporcionaban previsibilidad para el futuro.

Aquellas generaciones necesitaban esa previsibilidad y control sobre el proceso laboral simplemente porque planificaban sus vidas a largo plazo, siguiendo mandatos familiares previos. Si uno ingresaba a un empleo, era para alcanzar metas intermedias predefinidas: adquirir un automóvil, una casa, casarse, tener hijos, ampliar la vivienda, viajar, etc.

Desde el momento de ingreso, las organizaciones ofrecían estas certezas, no solo en términos económicos, sino también en cuanto al desarrollo personal. Las empresas brindaban las certezas que todos necesitábamos. El valor de ser un empleador atractivo estaba relacionado a ofrecer todos estos factores y ayudaban a satisfacer esas demandas de los mandatos previos.

Las disrupciones solo se producían cuando ese proceso planificado experimentaba alguna interrupción, es decir, si no se lograba el puesto deseado o el crecimiento económico planificado. Los sistemas organizacionales estaban diseñados desde esa perspectiva de proceso y, a cambio, se obtenía una alta permanencia laboral, lo que generaba la construcción de conocimientos y experiencia para competir eficazmente en el mercado.

Sin embargo, esa noción de proceso como factor central en el desarrollo laboral ha desaparecido. Ya se estaba desvaneciendo antes de la pandemia. El COVID-19 aceleró la fragmentación del proceso de desarrollo laboral. Los jóvenes de hoy ya no buscan una carrera, la construcción de conocimientos o una relación laboral a largo plazo con una organización. Buscan que las organizaciones satisfagan sus necesidades actuales. Esta noción de instantaneidad, estrechamente relacionada con la idea de vivir el presente, es algo que algunas organizaciones habían comenzado a reformular incluso antes de 2020, ofreciendo experiencias a corto plazo para los empleados.

No todas las organizaciones han logrado realizar esta transformación en sus propuestas de valor como empleadores.

Las empresas nativas digitales han logrado construir organizaciones que se **conectan directamente con las necesidades actuales**. Sin embargo, las industrias tradicionales enfrentan un desafío aún mayor, ya que están construidas desde una perspectiva generacional distinta. Esto es comprensible, dado que todavía conviven en ellas diferentes generaciones.

Es en este punto donde entra en juego **la idea de experiencia como contraposición al proceso**. La experiencia del empleado no es más que una mutación radical de la antigua propuesta de valor a largo plazo, en pos de satisfacer las necesidades a corto plazo. Hemos pasado de los planes de carrera a largo plazo, los sistemas de pensiones y las remuneraciones escalonadas, a modelos de trabajo que se desarrollan en un entorno agradable y ofrecen beneficios vitales concretos.

Las organizaciones efectivas se centran en crear experiencias significativas para los empleados en el presente. Esto implica brindar un entorno de trabajo atractivo, oportunidades de aprendizaje continuo, flexibilidad laboral, reconocimiento y recompensas personalizadas, entre otros aspectos. La idea es proporcionar a los empleados una experiencia enriquecedora que satisfaga sus necesidades y deseos actuales.

Este cambio de enfoque es especialmente importante para atraer y retener a las nuevas generaciones, como los millennials y la Generación Z, que valoran más la calidad de vida laboral y la realización personal en el presente que las promesas de futuro a largo plazo.

Estas generaciones buscan empleadores que comprendan sus necesidades y estén dispuestos a adaptarse a su forma de trabajar y vivir. No al revés.

En resumen, la experiencia del empleado implica adaptarse a las demandas del presente y ofrecer un entorno de trabajo en el que los empleados se sientan valorados, motivados y capaces de crecer tanto personal como profesionalmente. Es una transformación necesaria para atraer y retener talento en un mundo laboral en constante evolución.

Conexión significativa con sus líderes

En este contexto los colaboradores de hoy desean disfrutar de una dinámica laboral y establecer una conexión significativa con sus líderes que les permita vivir una vida feliz en el presente, en lugar de depender de promesas a largo plazo que no tienen certeza de alcanzar.

El gran desafío al que se enfrentan las compañías más tradicionales, por así decirlo, es cómo reinventarse a la velocidad necesaria para atraer y retener talento en los tiempos actuales. Esto implica no solo resetear su propuesta de valor para generar experiencias laborales fructíferas en el presente, sino también revisar los sistemas de liderazgo y aceptar que el compromiso a corto plazo es igualmente valioso. Los líderes deben construir relaciones basadas en la experiencia actual y en la colaboración colectiva a corto plazo, en lugar de enfocarse únicamente en el largo plazo.

Las empresas deben liberarse de las cargas del pasado, comprender que ha habido un cambio social significativo y desarrollar modelos de interacción laboral eficientes que pongan la experiencia presente en el centro de atención. Esto representa todo un proceso de aprendizaje para aquellos de nosotros que provenimos de generaciones anteriores, donde sacrificamos sangre, sudor y lágrimas en el presente sin tener garantía de alcanzar el prometido paraíso futuro.

1° CAMBIO. TRANSFORMACIÓN CULTURAL

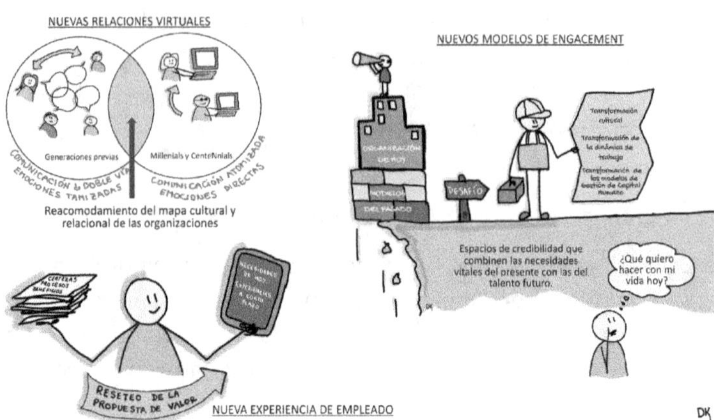

2° TRANSFORMACIÓN DE LAS DINÁMICAS DE TRABAJO

El impacto del Covid ha afectado significativamente las dinámicas de trabajo, no solo desde una perspectiva tecnológica, sino también en cuanto a la interacción social. Veamos algunos aspectos relevantes:

Inversión e implementación de tecnologías para el trabajo virtual

Aunque parecería ser el aspecto más sencillo al hablar del impacto en la forma de trabajar, no ha sido tan así en los entornos laborales como en los educativos. No se trata simplemente de invertir en hardware a nivel familiar o institucional, ni de facilitar tecnología a empleados y familias, ni siquiera de proveer sistemas de interacción virtual. **Fue un proceso educativo acelerado para poder adaptarse a este nuevo mundo**.

Tanto instituciones educativas como empresas debieron **implementar rápidamente sistemas de trabajo a distancia**. Si bien se podría pensar que con dispositivos móviles y plataformas como Zoom o Teams el problema estaría resuelto, los primeros tiempos de la pandemia demostraron que aquellos que ya estaban familiarizados con estas metodologías, como los jóvenes, pudieron adaptarse mucho más rápido que las personas de generaciones anteriores.

En una primera etapa, se intentó trasladar la forma de trabajo presencial al ámbito virtual, sin considerar la **construcción de una nueva manera de trabajar**. Sin embargo, con el transcurso de la pandemia, hemos ido desarrollando un nuevo enfoque de trabajo.

Al principio, nos encontramos con reuniones extensas, falta de limitación de horarios laborales durante la jornada, dificultades para comprender la interacción virtual de manera productiva y problemas asociados al desconocimiento de herramientas virtuales. Afortunadamente, una vez que el sistema se consolidó, se logró un mejor entendimiento por para las generaciones más adultas.

En cuanto a los niveles de productividad, se observó un aumento debido a la eliminación del tiempo de desplazamiento hacia y desde las reuniones, una mayor claridad en los tiempos de reunión, mayor puntualidad y una interacción más ordenada en la virtualidad, entre otros aspectos. Tanto la percepción como los indicadores duros de los niveles de productividad han aumentado significativamente.

Es importante destacar que las inversiones realizadas por las compañías tienen un impacto directo en los niveles de productividad. El gran desafío para el futuro no será solo cómo utilizar estas herramientas virtuales, sino cómo combinarlas en un modelo híbrido. ¿Cuánto tiempo debemos estar conectados virtualmente? ¿Cuál es el punto de equilibrio en esta virtualidad?

Reducción de los espacios físicos.
Espacios de interacción social

Uno de los mayores impactos del Covid en la transformación global de la forma de trabajar ha sido la reducción de los espacios físicos necesarios para las oficinas. Este nuevo indicador, que podríamos medir en **metros cuadrados por empleado**, no solo se relaciona con la menor presencialidad, sino también con el nuevo modelo de oficinas del futuro, que incluye **más espacios de interacción colectiva que individuales**. El lugar de trabajo se convierte en un punto de encuentro social, no solo para trabajar de manera individual. Las oficinas se convierten en nodos dentro de una red más amplia, donde los colaboradores interactúan con proveedores, clientes y otros empleados.

La pandemia ha revelado un concepto interesante: **todos los trabajos que pueden ser realizados de manera individual pueden llevarse a cabo fuera de la oficina**. El lugar de trabajo se transforma en un punto de interacción social, un espacio para colaborar y alinearse.

Las oficinas cerradas e individuales están perdiendo su utilidad. Es probable que en el futuro, estos espacios individuales se reserven para los hogares, donde los niveles de comodidad y productividad son mayores.

La frecuencia de asistencia a la oficina tiene un impacto directo en la necesidad de espacios físicos compartidos y en la eliminación de los espacios individuales. Esto redefine las necesidades de metros cuadrados totales, lo cual a su vez afecta el mercado inmobiliario y requiere una revisión profunda de los procesos organizacionales y del diseño de las oficinas.

Es importante destacar la reducción significativa en los costos de alquiler, transporte y almuerzo para los colaboradores. Sin embargo, no debemos considerar esto únicamente desde la perspectiva de ahorros o reconfiguración inmobiliaria. Para sostener esta interacción social presencial, se necesitan dos aspectos fundamentales: un sistema sólido de objetivos que alinee a los equipos sin necesidad de seguimiento y control físico, y una articulación adecuada por parte de los líderes para convocar y gestionar equipos en una combinación efectiva de trabajo presencial y virtual.

Es necesario abordar este proceso desde la reconfiguración de la interacción social, creando espacios que fomenten este propósito. El éxito de esta transformación dependerá de todos nosotros y cómo lo llevemos a cabo.

TRANSFORMACIÓN DE LA DINÁMICA DE TRABAJO

3° Transformación de los modelos de gestión de capital humano

Antes de la pandemia, muchas áreas de Recursos Humanos ya estaban migrando hacia el mundo digital. Esta migración, especialmente en términos de datos y sistemas de gestión, se debía a diversas razones. En primer lugar, las empresas estaban eliminando sistemas de control y simplificando los procesos de gestión, lo cual también facilitaba la labor de los líderes. Contar con indicadores, información y datos sobre cada empleado no generaba beneficios directos para Recursos Humanos, pero sí para los líderes encargados de gestionar a esos empleados.

La eliminación del papel y los procesos burocráticos ayudaba a simplificar y acelerar las tareas. La adopción de sistemas digitales para la evaluación de desempeño, potencial y objetivos ya había simplificado y transparentado la gestión en algunas empresas e industrias.

En resumen, la digitalización de los procesos de gestión del capital humano implico **transferir la responsabilidad de la gestión de las personas hacia los jefes**.

Recursos Humanos no debe controlar los procesos de gestión de personas, pero lo que sí debe, es apoyar a los líderes en su gestión. En lugar de controlar quién ha realizado las evaluaciones, debemos ayudar a los líderes a comprender la corresponsabilidad de brindar retroalimentación a los empleados.

La pandemia también nos ha enseñado la importancia de **adoptar modelos híbridos de capacitación**. Muchas empresas han revisado enérgicamente sus inversiones en modelos de gestión digital para simplificar y desburocratizar la relación entre líderes, empresa y empleados.

Equipos virtuales ágiles

No es mi intención profundizar en éste texto las ventajas o desventajas del trabajo ágil. Creo que la agilidad, entendida como una nueva metodología de trabajo, ha traído muchos beneficios a diferentes organizaciones. Sin embargo, considero que la implementación de enfoques ágiles no es homogénea en todas las industrias o tipos de empresas. Aun así, creo que existen oportunidades importantes para agilizar los procesos cuando se llevan a cabo con compromiso y foco por parte del liderazgo.

Más allá de esta discusión sobre los modelos ágiles, es importante señalar que **la pandemia nos ha obligado a desarrollar**

equipos virtuales ágiles más allá de lo meramente metodológico. Nos ha motivado a establecer relaciones ágiles dentro de los equipos, incluso cuando no están físicamente presentes. Esto solo se logra al tener claros los objetivos del proyecto o la tarea, y al articular los recursos del equipo de manera sencilla y ejecutiva.

Durante los primeros meses de la pandemia, nos encontramos frente al desafío de ganar agilidad en la interacción virtual, a menudo con modelos mentales del pasado. Durante este tiempo, descubrimos que t**ener menores niveles de control sobre el proceso de trabajo y los equipos permitió que las relaciones fluyeran de manera más armoniosa, natural y transparente** que antes. Los jefes que pudieron capitalizar estas interacciones naturales y dinámicas fueron los que lograron agilizar el proceso de trabajo al no intervenir en cada punto de contacto entre los miembros del equipo.

El reposicionamiento del jefe, que ahora interactúa con todos los miembros del equipo en lugar de controlarlos desde arriba, ha traído una agilidad natural a los equipos de trabajo virtuales. Sorprendentemente, esta aceleración del trabajo ágil en entornos virtuales no fue planificada, sino que fue resultado de la realidad externa que nos obligó a articular estos modelos de forma "naturalmente forzada".

Concepción del nuevo talento

La pandemia nos ha ayudado a replantear el concepto de talento. Nos ha expuesto, como nunca antes, a la aceleración de los procesos de cambio en el consumo y en la forma de trabajar, lo cual ha puesto de manifiesto las necesidades de talento futuro en las empresas. Siempre supimos que los mercados del futuro, hacia los cuales los millennials y centennials nos están llevando, serían un gran desafío para las industrias tradicionales.

Necesitábamos reclutar talento que comprendiera esta nueva dimensión. Lo que ha sucedido es que este proceso, que originalmente planeábamos llevar a cabo en años, se ha acelerado y se ha completado en cuestión de meses. Actualmente, la aceleración de los procesos digitales expone en gran medida las brechas de talento en las empresas. **En pocos meses, la forma en que vendemos, compramos, interactuamos con nuestros clientes y empleados, así como la manera en que creamos valor para nuestras compañías, ha cambiado radicalmente**.

Si bien aquellos de generaciones anteriores nos hemos adaptado de la mejor manera posible, con la ayuda de los nativos digitales, nos hemos dado cuenta de que **el futuro exigirá nuevas habilidades y competencias que son inherentes al nuevo talento que necesitaremos**.

La gran pregunta es cómo las empresas tradicionales, o aquellas de industrias tradicionales, pueden equiparar su necesidad de talento compitiendo con las industrias nacidas bajo la era de la digitalización, que naturalmente resultan más atractivas para los jóvenes. No podemos ser iguales, ya que las empresas tradicionales requieren de una mayor presencia física en las operaciones, pero sí podemos competir por ese talento a través de una construcción organizacional que planifique mayores niveles de flexibilidad para atraer a ese nuevo talento hacia nuestras organizaciones.

Es fundamental que la concepción del nuevo talento abarque todos los ámbitos de la organización, no solo en las áreas de tecnología. Las áreas que están en contacto con los clientes y consumidores son las que pueden comprender de manera más rápida y efectiva las oportunidades de digitalización y flexibilización. **Todos deberíamos ser conceptualmente talento digital, ya que somos quienes debemos comprender las oportunidades de aceleración de los negocios a través de los procesos de digitalización**.

Por último, el área de Tecnología es un traductor de esas necesidades, pero no es necesariamente el único intérprete de las necesidades profundas de un negocio para poder transformarlo.

TRANSFORMACIÓN DE LOS MODELOS DE GESTIÓN DE CAPITAL HUMANO

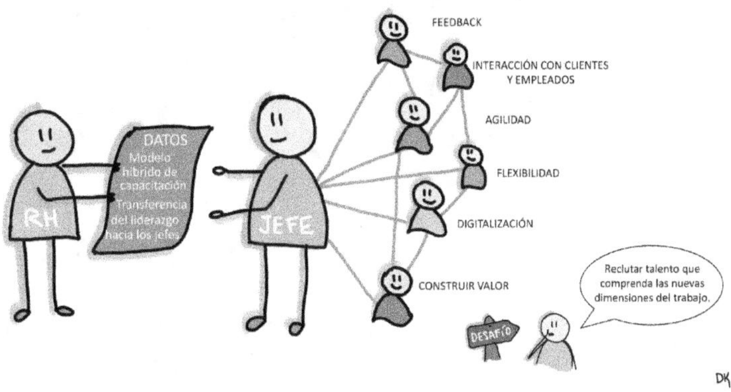

CAPÍTULO 3

LOS CENTENNIALS

LOS CENTENNIALS

En 2013, cuando escribí "El trabajo en la postmodernidad", intenté describir un fenómeno de profunda trascendencia: la entrada en escena de los millennials, también conocidos como Generación Y, en el ámbito laboral. Este suceso generó una disrupción sin precedentes, pues sus valores socio laborales se alejaban notablemente de los arraigados en las generaciones precedentes.

Ahora, en tiempos actuales, nos hallamos ante un nuevo capítulo, con sus propias particularidades, donde jóvenes de entre 20 y 30 años comienzan a ocupar posiciones de relevancia en el mundo laboral. Ya sea como emprendedores audaces o trabajadores abiertos a diversas disciplinas y formas de empleo.

Comprender y desentrañar los valores socio laborales de esta nueva generación resulta de suma importancia, pues de ello depende nuestra capacidad para comprender la relación directa o indirecta que su inserción tiene con la transformación que se está gestando en el seno de las organizaciones y en la matriz del trabajo en general.

Los hábitos, costumbres y valores de esta nueva generación, difieren incluso de aquellos que creíamos próximos a ellos, los millennials, provocando fracturas en los modelos de trabajo vigentes. Esto nos lleva a reconocer, que la responsabilidad de dichas transformaciones no recae exclusivamente en la pandemia, sino también en la aparición de este nuevo paradigma generacional.

Nativos digitales

Los centennials, como generación nativa digital, se distinguen por haber crecido desde su más temprana infancia inmersos en el mundo tecnológico, lo que les ha permitido desarrollarse cognitivamente y construir su aprendizaje a través de esta interacción constante con la tecnología.

A diferencia de los millennials, quienes adoptaron los medios digitales en su infancia o adolescencia, los centennials han establecido sus primeros vínculos con dispositivos móviles desde una edad temprana. Han jugado, reído, escuchado canciones y participado en actividades propias de la infancia utilizando estos gadgets. **Esta interacción tan activa con la tecnología ha moldeado sus comportamientos de manera notable, diferenciándolos de las generaciones anteriores**.

A continuación, analizaremos algunas de sus características distintivas.

1. Interacción hiperconectada

Los centennials, debido a su interacción temprana con la tecnología, pasan gran parte de su tiempo diario frente a una pantalla. Esta constante exposición ha tenido efectos en su interacción social y en su proceso de construcción de conocimiento. Uno de los fenómenos más comunes de esta generación es la disminución de la concentración y la atención en las interacciones físicas. **La falta de momentos de aburrimiento y de no interacción ha dificultado su capacidad para prestar atención fuera de los dispositivos**. Por eso, los modelos educativos o de relacionamiento del pasado se ven hackeados a partir de este nuevo fenómeno.

Es importante encontrar un punto intermedio en las interacciones, donde se combinen los dispositivos digitales con la interacción humana. Las organizaciones y las instituciones educativas no pueden adaptarse por completo al mundo digital, pero es crucial comenzar un camino que expanda las oportunidades de interacción digital para facilitar la vida de estos jóvenes en el ámbito laboral y educativo.

Es necesario pensar en mecanismos que ayuden a los centennials a encontrar alternativas a la dependencia de la interconexión digital, fomentando nuevos hábitos de acercamiento social y laboral. Esto nos permitirá encontrar un punto intermedio híbrido que no solo mejore la generación de oportunidades laborales, sino que también facilite su desarrollo cognitivo y educativo

2. Nueva noción de jerarquía:

En el ámbito laboral actual, los centennials tienen una nueva concepción de jerarquía. Ya no aceptan que aquellos en posiciones superiores, ya sea social o laboral, tengan el derecho de dar órdenes que deban ser obedecidas sólo por el hecho de ocupar ese lugar. Esto representa un desafío significativo para las organizaciones tradicionales que han basado su estructura de control y gestión en jerarquías piramidales, donde nunca se cuestionó este mandato.

Si bien los millennials fueron la primera generación en cuestionar el rol de la autoridad y el poder dentro de las instituciones, todavía seguían algunos lineamientos jerárquicos a pesar de sentir cierta incomodidad. En cambio, **los centennials ni siquiera están dispuestos a establecer vínculos jerárquicos, ya que consideran a todos como iguales**.

La igualdad natural que se observa en la dilución de la jerarquía es un reflejo de los cambios que se han producido en las dinámicas familiares durante las últimas décadas. Los padres de los centennials se caracterizan por ser más comprensivos, tolerantes y menos propensos a establecer límites en comparación con las generaciones previas.

Este cambio en la actitud paterna/materna ha generado un ambiente donde se le otorga más espacio a los niños para expresar sus opiniones, debatir y cuestionar las decisiones, incluso después de haber sido tomadas. La tradicional estructura de poder familiar, en la cual los padres eran los únicos responsables de tomar decisiones y los hijos simplemente acataban, ha sido diluida.

Es importante destacar que este análisis no pretende emitir juicios de valor sobre estos cambios en el modelo familiar, sino más bien describirlos a partir de investigaciones y experiencias. Estos nuevos valores y dinámicas familiares tienen repercusiones en otros ámbitos, como la educación y el trabajo, donde los jóvenes llevan consigo esta mentalidad igualitaria y una disposición natural a cuestionar la autoridad.

La comprensión de esta evolución en los modelos familiares nos invita a reflexionar sobre la necesidad de adaptar las estructuras de poder y liderazgo en las organizaciones. Los millennials, quienes también han cuestionado el concepto de autoridad, se encuentran ahora enfrentados a una dificultad aún mayor: liderar sin poder formal, basándose en el conocimiento, la empatía y la interacción como iguales.

Ante este panorama, es fundamental **trabajar en el establecimiento de vínculos basados en el mutuo entendimiento, la empatía y la construcción de relaciones tanto digitales como presenciales**. Las áreas de Capital Humano y los lideres en general deben esforzarse por comprender y adaptarse a estos nuevos valores socio laborales, evitando estancarse en meros cuestionamientos para abrir camino hacia la construcción de vínculos positivos y eficaces.

La clave radica en promover una comunicación abierta y respetuosa, donde se valore la diversidad de opiniones y se fomente la participación de todos los miembros de la organización. Así, podremos avanzar hacia entornos laborales más inclusivos, en los que se reconozca y valore el aporte de cada individuo, independientemente de su posición jerárquica.

3. El fin de las vocaciones y la búsqueda del disfrute:

Los centennials, en comparación con generaciones anteriores, muestran una menor definición vocacional durante la escuela secundaria e incluso al ingresar a la universidad. Aquellos que eligen una carrera a menudo cambian hacia otra completamente diferente en los primeros años.

Esta falta de estabilidad en las decisiones vocacionales puede ser vista como una crisis de indecisión, pero tiene sus raíces también en los cambios de la estructura familiar. Como describimos previamente, en comparación con generaciones anteriores, los centennials han crecido en hogares con normas familiares menos rígidas. Durante la adolescencia, exploran experiencias y buscan un estilo de vida para el futuro, en lugar de basar sus elecciones en consideraciones económicas o modelos familiares previos.

Esto ha llevado a una disminución de las "herencias profesionales", es decir, menos jóvenes siguen las carreras u oficios de sus padres. La relación entre padres e hijos ha cambiado significativamente, siendo menos exigente y basada en la autoridad que en el pasado.

En el presente es común ver que un joven que comienza estudiando Ingeniería puede cambiar a Psicología, u otro que empieza Medicina puede pasar a Diseño Gráfico.

La dilución de los mandatos familiares, combinada con la amplia disponibilidad de información a través de la tecnología digital, ha llevado a que los jóvenes lleguen a la edad de tomar decisiones sobre su futuro profesional con menos estructura previa y una mayor disponibilidad de información. Tienen acceso a innumerables posibilidades de experiencias futuras, como viajar, vivir en el extranjero, trabajar en organizaciones sin fines de lucro, practicar deportes, intercambios y colaboración social. Esta amplia gama de opciones hace que la elección profesional o laboral sea cada vez más compleja.

Además, los centennials experimentan la vida desde la práctica, no desde la teoría. Solo a través de experiencias concretas de trabajo comienzan a comprender lo que realmente quieren. Esto lleva a que el **proceso de maduración profesional sea más prolongado y a que cambien de rumbo en varias ocasiones**. Ven la vida profesional como un zigzag en lugar de una línea continua con un comienzo y un fin. Si bien esto puede generar incertidumbre y ansiedad en generaciones anteriores, para los centennials es parte de su mentalidad laboral.

Para las organizaciones, esto supone un desafío, ya que los mapas de carrera y los modelos de gestión están diseñados para personas con una aspiración lineal de sus profesiones. Los cambios de trabajo, empresa y deseos profesionales se perciben como disrupciones absolutas, sin comprender que estos nuevos valores laborales son duraderos y que **la linealidad en el trabajo ya no existe**.

El desafío radica en cómo adaptarnos tanto en términos de procesos como de mentalidad para **ofrecer experiencias diversas que brinden a los jóvenes la oportunidad de ir más allá de lo esperado y "dar su milla extra"**, sin preocuparnos por retenerlos o hacer que se queden por periodos de tiempo similares a los de las generaciones anteriores.

"Disfrutar vs. trabajar" o "Disfrutar y trabajar"

Una de las características más importantes de la generación centennial, que comparte ciertos puntos en común con los millennials pero de manera más acentuada, es la idea de **vivir una vida con mayor disfrute**. La pandemia, sin duda, ha intensificado ese deseo debido a la cancelación de experiencias placenteras durante dos años.

Hoy en día estamos presenciando una explosión de actividades recreativas, lúdicas, musicales, de interconexión y diversión como nunca en el mundo.

¿Significa esto que los centennials no quieren esforzarse?

No, ese no es el punto. Están dispuestos a hacerlo, pero de una manera equilibrada que les permita vivir una vida más armoniosa. La idea de dedicar toda su energía, fuerza y tiempo exclusivamente al trabajo ha quedado atrás. Los jóvenes desean disfrutar la vida en mayor medida de lo que han visto hacerlo a las generaciones anteriores.

Esto no significa que sean irresponsables, como a veces se los etiqueta, sino que comprenden que la vida requiere y merece ser disfrutada, y en ese camino el trabajo es solo uno más de los elementos que debe combinarse con el disfrute. Por lo tanto, el trabajo debe considerarse como una parte más del entramado de la vida de los jóvenes, mientras continúan en la búsqueda de experiencias enriquecedoras que los alimenten y desarrollen.

4. Menos informados

Según diversas investigaciones, se ha observado que los centennials son una generación que posee menos información en comparación con las generaciones anteriores, en el sentido tradicional de estar "informados" sobre la realidad social, política y económica de un país, una región o el mundo en general.

Sin embargo, no diría que necesariamente son una generación menos informada, sino que **su conocimiento es menos profundo y está más fragmentado**. Esto implica que es probable que no tengan un entendimiento conceptual completo de un tema en particular, debido a que no consumen medios de información que realicen investigaciones exhaustivas o aborden temas con mayor profundidad, como los diarios, libros o revistas.

En cambio, esta generación se informa principalmente a través de las redes sociales, que en muchos casos brindan una visión superficial y fragmentada de la realidad. Obtienen información no solo de los medios de comunicación formales, sino también de influencers o personas que expresan opiniones sobre diferentes temas, lo que los expone a un conjunto diverso de opiniones.

En la actualidad el Chat GPT es también una herramienta para averiguar y entender situaciones sociales, políticas o económicas.

Carecen de un entendimiento profundo de las causas que originan ciertos fenómenos, centrándose más bien en diferentes perspectivas sobre un hecho, lo cual les ayuda a construir su propia opinión. Este fenómeno no es ni bueno ni malo per se, pero es probable que las opiniones formadas sobre ciertos hechos se basen en otras opiniones aleatorias, sin un mayor nivel de profundidad.

Además, **esta forma de construir información a través de las redes sociales genera un bombardeo constante, donde coexisten distintos niveles de información y temáticas con un impacto similar en la persona**. En la mente de un centennial, una noticia sobre la situación económica local compite con la novedad de una celebridad estadounidense, o un problema social en una región compite con la visión de un futbolista sobre un tema determinado. Esto no significa que no comprendan lo que sucede en el mundo, sino que su construcción del entendimiento se produce más como un rompecabezas, en lugar de una construcción ascendente y progresiva de información.

5. Menos Leales

Los centennials exhiben una menor lealtad en general hacia las instituciones, especialmente en relación a las compañías donde trabajan. Este rasgo distintivo de la generación no debe ser considerado ni positivo ni negativo, sino simplemente como un cambio en las actitudes. En comparación con generaciones anteriores, **los centennials muestran menos fidelidad hacia marcas, estilos de vida o modelos familiares preestablecidos**. Esto no implica que no estén comprometidos y dispuestos a dar lo mejor de sí en su trabajo, sino que **el concepto tradicional de lealtad basado en relaciones a largo plazo está perdiendo relevancia**.

Para estos jóvenes, **el lugar de trabajo es visto como un espacio de intercambio a corto plazo**, donde pueden aportar y recibir, pero siempre mantienen abierta la posibilidad de encontrar oportunidades mejores en otros lugares. Esto da lugar a vínculos más fluidos, en línea con las ideas de Zygmunt Bauman, que pueden ser menos sólidos a largo plazo. Por lo tanto, es importante comprender que no debemos enfocar nuestros esfuerzos en establecer relaciones de larga duración y buscar la idea de lealtad como en el pasado. En su lugar, debemos centrarnos en cómo construir vínculos sólidos a través de una experiencia diaria que permita un intercambio beneficioso para ambas partes.

El cambio paradigmático más profundo que se observa en esta generación es su enfoque en la creación de vivencias y experiencias a corto plazo, en lugar de centrarse en la construcción de carreras a largo plazo.

6. La necesidad de reconocimiento

Una de las características centrales de los centennials, en comparación con su generación anterior, es su mayor necesidad de reconocimiento constante por las actividades que realizan. **Esta necesidad de reconocimiento probablemente se origina entre otras cosas, en su interacción temprana con las redes sociales, donde el acto de "dar likes" es una práctica cotidiana**.

El fenómeno de las redes sociales en el que crecieron se traslada al ámbito laboral. Al igual que los posts en las redes sociales son observados para medir su aceptación, esta generación busca aprobación y reconocimiento, incluso para acciones pequeñas. Este reconocimiento puede ser verbal, personal o a través de mecanismos digitales que muchas compañías ya están utilizando mediante redes internas o sistemas de reconocimiento digital.

Es posible que el concepto de reconocimiento constante no esté completamente establecido en las organizaciones, y en algunos casos, los líderes de generaciones anteriores pueden ver esta demanda como excesiva para su rol diario. Es ahí donde debemos trabajar más: cómo **ayudar a líderes de generaciones previas a establecer procesos conversacionales habituales que reconozcan las tareas diarias y también generen procesos de retroalimentación consistentes para abordar aspectos del trabajo que no están funcionando**.

Determinar si este proceso de reconocimiento debe ser presencial o virtual es un gran desafío que enfrentamos, ya que aunque las generaciones previas se sienten más cómodas con el contacto cara a cara, es probable que los centennials consideren más dinámico, concreto y ágil un reconocimiento digital o incluso un diálogo digital.

Analicemos por un momento el origen de esta necesidad de reconocimiento. Si bien mencionamos que es un reflejo de la dinámica de las redes sociales, es importante reconocer sociológicamente el papel de los padres en las etapas previas a la entrada de los jóvenes al mundo laboral.

Los padres de los centennials pertenecen a una generación que ha puesto mayor énfasis en la conversación diaria, la escucha, la retroalimentación y el manejo de la frustración de sus hijos en comparación con las generaciones anteriores. Esto ha llevado a que los centennials tengan un modelo parental de mayor contención, cercanía y aceptación de los errores.

En algunos casos, esta contención incluso se traduce en la participación activa de los padres en las tareas de los jóvenes, lo que explica por qué a menudo vemos a padres discutiendo calificaciones escolares con los profesores, acompañando a sus hijos a entrevistas laborales e incluso intentando hablar con los jefes de sus hijos a temprana edad.

Todo este proceso de involucramiento de los padres, incluso cubriendo responsabilidades que en el pasado eran de los hijos, genera una demanda de mayor contención por parte de los centennials hacia sus superiores y, al mismo tiempo, una menor tolerancia hacia las normas laborales y los entornos de trabajo que, por ser del pasado, son menos flexibles que los marcos familiares en los que se han criado. Esta dualidad entre "pasado y presente" y entre "trabajo y familia" requiere que las compañías sean ingeniosas y desarrollen estrategias para acompañar a los centennials y adaptarse a sus nuevos valores laborales. Además, es necesario proporcionar apoyo y orientación a los líderes para que puedan mediar en esa relación.

Los jóvenes de esta generación tienden a pedir a sus jefes un trato, contención y reconocimiento similares a los que estaban acostumbrados a solicitar a sus padres. Sin embargo, el mundo laboral es mucho más complejo y, por tanto, es importante implementar estrategias de acercamiento y promover el entendimiento mutuo para que esa relación laboral funcione de manera efectiva.

Como cierre de este capítulo, compartimos un breve resumen sobre los centennials y su visión del mundo actual adicional a lo ya descripto que fue complementado con las investigaciones de "Combo Latam" y " Llorente & Cuenca".

Disfrutar de la vida: *Los centennials valoran disfrutar el presente en lugar de enfocarse únicamente en la construcción de una carrera a largo plazo. Esto puede entrar en conflicto con las promesas de las organizaciones sobre el futuro.*

Familia unida: Independientemente de los cambios en los modelos familiares, los centennials consideran importante tener una familia unida (más allá de las características de esta familia) que brinde estabilidad a largo plazo.
El mundo como propio: Los centennials perciben el mundo como su lugar, en parte debido a la conectividad y la facilidad para viajar. Valoran la posibilidad de vivir en diferentes lugares y las empresas que ofrecen experiencias internacionales tienen una ventaja competitiva en ese sentido.

Reconexión al mundo post pandemia: *Durante la pandemia, los centennials se alejaron de las grandes plataformas digitales (Instagram, Facebook) hacia aquellas que ofrecen mayor intimidad y pertenencia a grupos específicos (TikTok). También se enfocaron en actividades recreativas al aire libre y se volvieron más conscientes de las dificultades económicas y la importancia del ahorro. Además, se observa un aumento en el tiempo dedicado a la conexión en línea.*

En los próximos capítulos, exploraremos un tema que ha despertado un gran interés: el aumento significativo de la ansiedad emocional entre los jóvenes durante la pandemia. Los desafíos del encierro, las dificultades económicas, la incertidumbre sobre el futuro y la falta de confianza en el sistema económico y político han golpeado duramente a esta generación, convirtiéndola en una de las más afectadas emocionalmente en décadas recientes.

LOS CENTENNIALS

LA CONSTRUCCIÓN VOCACIONAL EN LA ERA DE LA INCERTIDUMBRE

CAPÍTULO 4

LA CONSTRUCCIÓN VOCACIONAL EN LA ERA DE LA INCERTIDUMBRE

En 1995, Jeremy Rifkin introdujo la idea del "fin del trabajo", al discutir los efectos que las nuevas tecnologías tendrían en el mundo laboral, en términos de la cantidad de empleos que se perderían debido a la introducción de nuevas tecnologías. En este capítulo, utilizaremos ese concepto como punto de partida para abordar una idea más amplia: si bien el trabajo no desaparecerá por completo, sí experimentará cambios drásticos.

En 2018, en su encuesta anual realizada por Deloitte a líderes empresariales de todo el mundo reveló que el **47% de los empleos tal como los conocemos desaparecerían** o se transformarían en algo diferente en los próximos 10 años. Otro dato impactante de este estudio fue que el **41% de los empleos en el ámbito corporativo se convertirían en trabajos fuera de las estructuras formales**, generando un ecosistema laboral completamente nuevo.

Estos dos indicadores de la encuesta ponen de manifiesto la evolución del mundo laboral como resultado del impacto de las tecnologías y de los deseos y aspiraciones de los trabajadores. En este contexto, es necesario reflexionar y examinar cuidadosamente este escenario.

Por un lado, tenemos a las **organizaciones tradicionales** que, en muchos casos no tienen las capacidades internas requeridas para enfrentar nuevos desafíos de negocio. A veces como no tienen la flexibilidad y condiciones para darle a ese nuevo mundo de trabajadores están **capturando talento de manera externa y satelital** a las propias compañías para asegurarse esas capacidades y poder dar respuesta a consumidores y clientes en tiempos adecuados.

Por el otro, tenemos a **los más jóvenes** que, lejos de estar desesperados por ingresar a una organización **prefieren alejarse de los marcos corporativos por los ritmos y cadencias laborales que impactan en sus vidas personales**. No están dispuestos a aceptar esa contradicción entre las rutinas corporativas y sus deseos personales. Por ende, cada vez hay menos gente dispuesta a trabajar en las corporaciones.

Estas "nuevas necesidades" y "nuevos deseos" de las personas en relación a su trabajo; presentan un desafío crucial, lo llamaremos en este capítulo "la elasticidad de las empresas"

La elasticidad de las empresas: Adaptarse al cambio en un mundo en constante evolución

En el mundo empresarial actual, las organizaciones enfrentan el desafío de ser flexibles y adaptables a los cambios que ocurren en su entorno. Esto se conoce como "elasticidad empresarial". Podemos relacionar este concepto con la elasticidad muscular, donde **los músculos sanos y elásticos tienen la capacidad de estirarse y contraerse sin dificultad**.

La elasticidad empresarial implica que las empresas deben poder ajustar rápidamente sus estrategias, modelos de negocio y estructuras organizativas para mantenerse competitivas en un entorno en constante evolución. Esto es aprovechar las oportunidades emergentes y enfrentar los desafíos que surgen.

En términos de empleo, la elasticidad implica que **las empresas deben tener una fuerza laboral flexible para** adaptarse a las necesidades cambiantes. Esto puede incluir **la contratación de empleados temporales, el fomento del trabajo remoto y** la capacitación para adquirir nuevas habilidades.

La gestión de la incertidumbre también es parte de la elasticidad empresarial. Las empresas deben anticipar y responder rápidamente a los cambios en el mercado, las regulaciones y las condiciones económicas. Esto requiere decisiones rápidas, una comunicación eficiente y una estructura organizativa ágil.

Lograr la elasticidad empresarial no es fácil. Requiere una cultura empresarial orientada al cambio, la innovación y una mentalidad abierta al aprendizaje y reaprendizaje. Además, implica invertir en tecnología y sistemas que permitan adaptarse rápidamente a nuevas realidades.

Ahora nos enfrentamos a una nueva encrucijada, y podemos abordarla con la siguiente pregunta: **¿Cómo podemos establecer vínculos significativos, unir propósitos y crear aportes de valor en un contexto laboral más flexible, en el que las organizaciones se expanden y contraen según las necesidades, con empleados y profesionales satelitales que pueden decidir si están dispuestos a sumarse o no a proyecto específicos?**

En décadas pasadas, el trabajo solía ser un proceso bastante lineal en el que uno comenzaba temprano con un enfoque vocacional definido. La persona se capacitaba, adquiría habilidades específicas y desarrollaba una carrera que lo acompañaría durante gran parte de su vida. Sin embargo, esta linealidad ha desaparecido debido a varios factores, como la flexibilización de las vocaciones. Actualmente, nadie está seguro o convencido de que su vida laboral seguirá un camino determinado.

Los más jóvenes entienden que la riqueza de su vida laboral radica en la no linealidad, no sólo en términos de permanencia en una misma organización, sino también en la posibilidad de explorar diferentes carreras o momentos laborales. Como ya mencionamos en el capítulo anterior, buscan generar experiencias que enriquezcan sus vidas, permitiéndoles tener espacio para el disfrute y el ocio. La idea de una carrera definida y estable en una o pocas compañías ha evolucionado hacia la búsqueda de múltiples experiencias relacionadas con su carrera elegida, e incluso pudiendo dar un salto hacia otra carrera o tipo de trabajo completamente diferente. No es sorprendente que los viajes y los años sabáticos sean tan frecuentes entre ellos, ya que ven estas experiencias como oportunidades para su crecimiento personal.

Esta falta de linealidad en la trayectoria laboral representa uno de los principales desafíos para las empresas. Hoy en día, un joven que ingresa a trabajar en una compañía puede pasar por diferentes roles y áreas, explorar nuevos caminos y luego tomar decisiones como iniciar su propio emprendimiento, unirse a una ONG para contribuir a una causa que considere valiosa, o incluso tomar un descanso prolongado para viajar o estudiar en el extranjero. Muchos jóvenes solicitan permisos a sus empresas para llevar a cabo estas experiencias, mientras que otros simplemente abandonan sus empleos de forma definitiva. El costo y el miedo a esta pérdida son cada vez menores.

Todo esto puede resultar abrumador para aquellos que lideramos empresas, especialmente en industrias tradicionales. Sin embargo, esta es la realidad que subyace detrás de lo que hemos llamado como "La Gran Renuncia" sobre todo en los países desarrollados.

La volatilidad en los deseos de los jóvenes expone a las empresas, especialmente a las estructuras más pesadas y obsoletas, a enfrentar los dilemas del futuro. Cuando hablamos del "fin del trabajo", nos referimos al paradigma en el que crecieron las generaciones anteriores, donde el trabajo era el centro de la vida, determinaba nuestra posición social y era el engranaje alrededor del cual se estructuraban las relaciones de pareja, económicas y familiares. Sin embargo, esta noción ha dejado de existir para las generaciones más jóvenes.

En el pasado, cuanto más sólido y estable era el andamiaje laboral, más tranquilidad nos brindaba para desarrollar otros aspectos de la vida que deseábamos. Sin embargo, esta idea del trabajo ha desaparecido. **Los jóvenes de hoy consideran el trabajo como una actividad más, sin asignarle un valor superior o inferior a otras áreas de su vida**. Es decir, la idea de disfrutar la vida incluye el trabajo, pero también muchos otros aspectos a los cuales desean dedicar una cantidad similar de tiempo, energía y compromiso.

La noción de que el trabajo es el centro de construcción de la vida comienza a desvanecerse. Por supuesto, esto se aplica a aquellos que tienen la fortuna de encontrar empleo, ya que, en muchos países en desarrollo, la escasez de empleo calificado es cada vez mayor, y la exclusión de esta estructura formal laboral, es alarmante.

Permítanme volver por un momento al inicio del ciclo laboral, que está relacionado con las vocaciones y su liquidez. "La muerte de las vocaciones" es el proceso por el cual los jóvenes ya no llegan a edades tempranas con definiciones y mandatos precisos sobre qué estudiar o qué trabajo desarrollar en sus vidas. Sociológicamente, esto se debe también a un quiebre en los mandatos y las herencias familiares.

El paradigma en el cual los padres nos definían o presionaban para elegir una profesión, un oficio o una carrera basándose en perspectivas económicas o de empleo ha desaparecido o está en vías de desaparecer. Esto se debe principalmente a los cambios en la estructura familiar que ya hemos mencionado, así como a la disminución de la imposición paternal o maternal sobre los jóvenes.

El ecosistema familiar ahora es más democrático, con una mayor participación de la voluntad de los hijos, lo cual lleva a cuestionar no solo las elecciones previas de los padres, sino también sus consejos. No pretendo emitir un juicio de valor sobre este cambio radical en el paradigma y en el proceso de flexibilización de las reglas familiares, pero al sumar esta situación al deficiente acompañamiento del sistema educativo en la información sobre los escenarios futuros, tanto académicos como profesionales y laborales, los jóvenes se encuentran prácticamente en un desierto al finalizar sus estudios secundarios e inclusive universitarios.

LOS JÓVENES, VOCACIÓN Y TALENTO

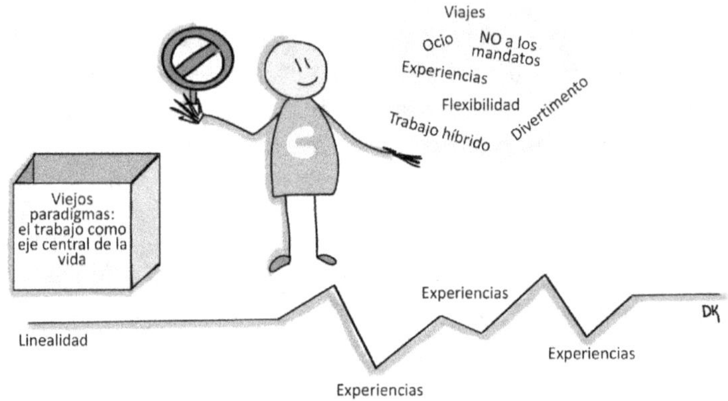

El rol del sistema educativo y la vocación

El sistema educativo y el desarrollo de la vocación juegan un papel fundamental en este escenario. Tanto en la educación primaria como en la secundaria, los jóvenes son bombardeados con una cantidad enorme de contenidos estructurados (que en muchos se mantiene desde hace décadas) en capítulos que no se relacionan de ninguna manera con el mundo laboral actual ni futuro. Esto provoca que, cuando llega el momento de tomar decisiones, no solo no entiendan cómo funciona el mundo laboral, sino que tampoco comprendan el propósito de cada ocupación o profesión.

Los contenidos educativos siguen anclados en el pasado, sin adaptarse a las necesidades actuales y con una conexión casi inexistente con el mundo laboral. Además, se descuida en gran medida la formación de los jóvenes en relación con las tendencias laborales contemporáneas. Sobre todo, se omite fomentar un profundo entendimiento del propósito individual de cada joven y cómo este se relaciona con la elección de su futuro laboral.

La excesiva focalización en los contenidos del sistema educativo es una grave deficiencia. **No se presta suficiente atención a los procesos de vida que, de alguna manera, conectan la infancia y la adolescencia con la edad adulta a través de la definición de una ocupación o profesión**.

Una de las grandes deficiencias del modelo educativo latinoamericano radica en su enfoque excesivo en los contenidos, en lugar de comprender la necesidad de brindar un acompañamiento individualizado a los alumnos en su proceso de construcción vocacional.

Tampoco las empresas contribuyen lo suficiente en este proceso. A menudo esperan recibir empleados formados sin invertir en su desarrollo desde etapas tempranas y sin ayudarles a construir su vocación. Por otro lado, los jóvenes no tienen acceso a información clara y de calidad. Aunque están expuestos a una avalancha de información a través de las redes sociales, dispositivos móviles y herramientas de búsqueda, esta se encuentra desorganizada, fragmentada y carece de coherencia en términos de procesos para comprender las posibilidades futuras y organizarlas de acuerdo con su desarrollo individual

La falta de directrices claras, la ausencia de apoyo vocacional por parte del sistema educativo, la falta de participación de los actores del mundo laboral en la formación académica inicial y la sobreabundancia de fuentes de información, han llevado a los jóvenes a finalizar la educación secundaria sin tener ni siquiera una pista de cuál es su verdadero deseo de desarrollo profesional o laboral.

Solo en el último año escolar comienzan a explorar contenidos algo más relacionados y entran en contacto con universidades u ocupaciones para tratar de entender cómo conectar esos contenidos y esas instituciones educativas con sus posibles deseos. Sin embargo, antes de elegir una carrera, oficio o profesión, surgen dudas. Incluso al ingresar a los primeros años de la carrera, se producen abandonos y cambios hacia otras disciplinas u oficios que nunca habían considerado, simplemente porque la vocación se comienza a construir a través de la experiencia práctica: solo al hacer, comprenden de qué se trata.

La experiencia adquirida en los primeros años laborales, el contacto directo con contenidos prácticos relevantes de la carrera o profesión, y la interacción con profesionales o representantes de las disciplinas elegidas, les permite comprender las dificultades, placeres y angustias asociadas con cada elección. Es decir, el proceso de definición vocacional que solía tener lugar en la adolescencia hasta los 18 años ahora ocurre a partir de los 20 años, lo que conlleva deserciones, cambios y una constante movilidad en los ejes de elección.

La brecha entre el mundo académico y empresarial

Esta situación conlleva otros fenómenos, además de generar incertidumbre en las familias, que en su mayoría experimentan más preocupación que los propios jóvenes. Debemos tener en cuenta el impacto en las organizaciones, que se enfrentan a la dificultad de planificar sus recursos e invertir en la formación y desarrollo de jóvenes que probablemente querrán cambiar de puesto, carrera, compañía o incluso país, mucho antes de lo esperado.

La brecha entre el mundo académico y el laboral se está ampliando cada vez más, y tanto el ámbito educativo como el empresarial tienen la responsabilidad de tender puentes para cambiar esta situación.

¿Qué podemos hacer los cuatro actores principales en el proceso de definición vocacional (hogar, mundo educativo, empresas y gobierno)?

1. **En el hogar:** Aunque el mandato histórico ya no se mantiene, debemos acompañar de cerca a los jóvenes para que puedan comprender y conocer en profundidad el mundo laboral y académico, y entender cómo esto impactará en sus vidas. **Debemos abrirles todas las opciones posibles**, incluso aceptando y fomentando carreras que no tienen relación con los deseos de los padres. Este apoyo desde temprana edad permitirá que los jóvenes se interesen y tomen decisiones informadas sobre su propia vocación, participando en procesos de orientación e investigación de sus propios deseos.

2. **Las instituciones educativas:** Necesitan abandonar el enfoque basado en materias y capítulos, e **introducir experiencias laborales prácticas que reflejen la realidad del mundo del trabajo**. En la educación secundaria, esto se puede lograr a través de prácticas presenciales que creen un entorno de trabajo. En el ámbito virtual, se pueden recrear escenarios laborales donde los jóvenes puedan interactuar con variables laborales, acompañados por docentes y expertos. Al adoptar un enfoque lúdico, es probable que se generen interacciones prácticas que van más allá de los contenidos teóricos y estructurados actuales

3. **Las empresas:** Debemos establecer una colaboración cercana con el sistema educativo desde edades tempranas para acercar la realidad del mundo laboral. Podemos participar en procesos de orientación, llevando muchas de nuestras necesidades al entorno virtual, de modo que

los jóvenes puedan practicar y comprender qué implica el trabajo desde una edad temprana.

4. **El gobierno:** Debe comprender de manera exhaustiva las demandas laborales a través de datos estadísticos y desarrollar políticas activas que construyan una oferta laboral acorde a esa demanda. Esta conexión no debe ser impuesta, sino generarse mediante la creación de incentivos y la atracción hacia los mercados laborales en demanda, para que puedan atraer a personas interesadas en lo que se ofrece. Por otro lado, es necesario implementar campañas sólidas para acercar a los jóvenes al mundo del trabajo que se requiere.

La ayuda en la construcción de vocaciones es posible si todos los actores sociales nos alineamos para ayudar a generar acciones que establezcan un puente entre los deseos individuales y el trabajo, permitiendo generar los recursos que toda la sociedad necesita para desarrollarse. Esto debe comenzar desde el entendimiento de cada individuo y su propósito, para ayudar a establecer la conexión con su futura vida laboral.

LOS JÓVENES, VOCACIÓN Y TALENTO

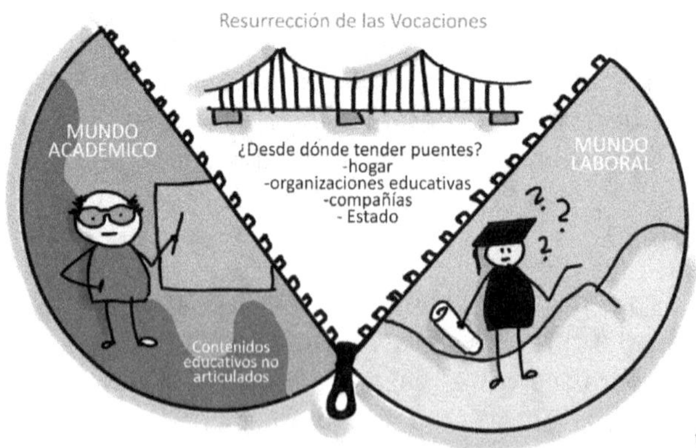

CAPÍTULO 5

NUEVAS TECNOLOGÍAS Y TRABAJO

NUEVAS TECNOLOGÍAS Y TRABAJO

¿Cuáles son las tecnologías están cambiando la forma en que trabajamos?

Como introducción a los capítulos que siguen me parece importante entender el impacto que determinadas tecnologías han tenido en la forma en la que se organiza el trabajo en el mundo de las organizaciones actuales. Muchas compañias han sabido absorber las mismas incorporándolas de manera directa a sus modelos de trabajo y otras, sobre todo las de industrias tradicionales, las van sumando paulatinamente tratando de capturar las habilidades de la gente más joven para desarrollarlas y profundizarlas, generando a su vez mecanismos de eficiencia en la forma de interacción social.

Este capitulo que pretende ser breve, porque son muchas las publicaciones que pueden encontrarse sobre nuevas tecnologías en el mundo de trabajo, quiere funcionar como una introducción a los próximos dos capítulos.

Esencialmente porque como ya veremos, en el capítulo 6 sobre la ansiedad, un sentimiento que empieza a abarcar a las organizaciones con un impacto directo sobre las personas, se ve incrementada por la permanente interacción con las nuevas tecnologías. Por lo tanto, si bien son imprescindibles para generar modelos de trabajo flexibles, también es importante evaluar en qué manera afectan las interacciones sociales, ya sea incrementando el aislamiento o generando el fenómeno de conexión permanente, que no permite encontrar pausas saludables en el trabajo.

En segundo lugar, estas tecnologías que describiremos sucintamente a continuación son un elemento esencial para los nuevos ecosistemas de trabajo en los que nos adentraremos en el capitulo 7. De la correcta implementación de estas nuevas tecnologías en el mundo de las organizaciones, se podrá acelerar o no, la implementación de modelos flexibles de trabajo como los que describiremos mas adelante.

Mucho se ha escrito sobre el impacto de la tecnología en el trabajo. En este sentido, se destacan la automatización, la robotización y otros sistemas tecnológicos de eficiencias productivas. Estas tecnologías impactan en la cantidad de personal necesario, pero me gustaría abordar aquí aquellas que tienen un impacto directo en la forma en que trabajamos y nos relacionamos con el entorno laboral. Esto nos ayuda a comprender por qué estamos y estaremos trabajando de manera diferente en el presente y futuro laboral.

Gamificación

La gamificación es un proceso mediante el cual los contenidos aburridos y estructurados del pasado se convierten en contenidos comprensibles y deseados por los jóvenes. Es la forma en que las nuevas generaciones, como los Millennials y Centennials, aprenden y se relacionan a través de la interacción con dispositivos digitales. El *gaming*, ha generado tanto habilidades como restricciones en comparación con los modelos de aprendizaje previos, en los cuales podíamos aceptar pasar horas en una clase escuchando a un profesor hablar sobre una materia en particular. Sin embargo, en la actualidad, ningún joven que ha estado en contacto con una tableta desde los dos años ha jugado en PlayStation desde los cuatro y ha interactuado con contenidos y amigos a través de diferentes pantallas puede adquirir conocimientos de la misma manera que antes.

El *gaming* ha transformado la forma de vida y las relaciones entre los jóvenes. Han adquirido habilidades sociales, conocimientos e información, buena, mala o regular, a través de la interacción tecnológica lúdica y digital. Entonces, ¿por qué no aprovechar esta capacidad ya desarrollada por los jóvenes para construir conocimientos no solo en el sistema educativo, sino también en el ámbito corporativo? Los juegos son la forma deseada por los jóvenes de interactuar con otros, por lo que debemos incorporarlos al mundo de las organizaciones como una herramienta para desarrollar habilidades.

Cloud Computing

El Cloud Computing es la capacidad que tienen las organizaciones y el mundo en general de generar almacenamiento de datos ilimitado para su gestión. Este fenómeno se ha acelerado en los últimos años y ha permitido no solo a las empresas almacenar información para generar análisis de gestión y comprender mejor a sus clientes, sino también a las familias e individuos almacenar datos sobre sus vidas, gustos y deseos de manera ilimitada. Ya no existen barreras físicas como discos duros, servidores o dispositivos USB. Todo se encuentra en la nube ilimitada, y los jóvenes tienen esta posibilidad desde muy temprana edad. Pueden tener toda su vida en la nube: su música favorita, videos, información sobre amigos y todas sus elecciones, al igual que las empresas.

Esto plantea varios desafíos para las compañías, desde aspectos conocidos como la protección de datos y privacidad de sus consumidores, hasta la necesidad de organizar esa información de manera productiva para generar análisis y tomar mejores decisiones.

Para los jóvenes, también está el desafío de organizar toda esa información de manera significativa en su vida y utilizarla para construir un futuro personal y profesional de manera adecuada. La capacidad infinita de administrar información es una gran ventaja, pero también conlleva una gran responsabilidad. Comprender qué almacenar, por qué y para qué, es el gran desafío que enfrentan tanto los individuos como el mundo laboral en el futuro. Desde el punto de vista de los nuevos ecosistemas, la posibilidad de acceder a datos y sistemas de información desde diferentes ubicaciones a través de la nube sienta las bases para que los trabajadores ya no necesiten estar en un mismo lugar físico y puedan interactuar ilimitadamente desde la virtualidad.

Redes sociales

Podríamos hablar mucho sobre las redes sociales para explicar el fenómeno social que han supuesto desde su surgimiento y su impacto directo en la interacción humana e incluso en la dinámica social del mundo. Sin embargo, nuestro interés aquí es comprender la dinámica de las redes sociales en el funcionamiento organizacional.

En ese sentido, la influencia de las redes sociales en la construcción de la comunicación ha impactado en los modelos de interacción dentro de las organizaciones de una manera sin precedentes. Los jóvenes y nativos digitales, que han aprendido a comunicarse y expresar sus experiencias y emociones a través de interacciones en redes sociales, ven la exposición como una virtud en lugar de un riesgo.

La comunicación abierta, interactiva y bidireccional, a menudo caracterizada por el humor y la autenticidad, ha moldeado el lenguaje de las generaciones más jóvenes. Por lo tanto, cuando ingresan al mundo laboral, donde los modelos jerárquicos aún interfieren en la comunicación horizontal y limitan el flujo de información debido a mecanismos de control, los jóvenes comienzan a cuestionar esa dinámica construida en el pasado.

Para los jóvenes, resulta más fácil, rápido y efectivo enviar un mensaje a través de WhatsApp o de una red social que hacer una llamada telefónica o tener una conversación cara a cara. Los sistemas tradicionales de comunicación que aún prevalecen en el entorno laboral, como las carteleras de anuncios, los correos electrónicos, las reuniones estructuradas y las presentaciones unidireccionales en las que un jefe habla y los empleados solo escuchan, resultan poco efectivos en jóvenes que construyen su aprendizaje a través de la interacción fluida en la tecnología y las redes sociales.

Una vez más, no estamos emitiendo un juicio de valor sobre lo que es mejor o peor, sino tratando de comprender cómo los jóvenes han desarrollado conocimientos, aprendizaje e interacciones sociales. Es un hecho que en las últimas décadas esto ha ocurrido a través de las redes. Entonces, ¿cómo pueden las organizaciones reconstruir sus sistemas de comunicación para que sean efectivos a la hora de fomentar el rendimiento, la cultura y el compromiso en los jóvenes sin contar con las redes sociales?

El modelo de las organizaciones está cambiando. **Las estructuras jerárquicas están evolucionando hacia esquemas mucho más horizontales**, con equipos ágiles que trabajan por proyectos e interactúan activamente, con objetivos claros y un enfoque en la interacción libre. Este modelo organizacional, donde el jefe se encuentra en el centro en lugar de arriba, permite que la información fluya y se enfoque en los objetivos de un equipo cada vez más horizontal. Básicamente, se trata de un trabajo en red que replica el funcionamiento de las redes sociales digitales.

Además, todos **los modelos de comunicación están evolucionando hacia enfoques interactivos**, como publicaciones, comentarios y reconocimientos en línea, donde los colaboradores ya no solo escuchan, sino que interactúan y brindan su opinión. El proceso de intercambio de información es ascendente y descendente, y totalmente horizontal.

En la era digital, todas las opiniones tienen igual valor y las organizaciones se encuentran expuestas al escrutinio digital de sus colaboradores. Si bien la pandemia ha acelerado el intercambio y la interacción en las redes sociales, en general, las organizaciones aún no han logrado acelerar sus procesos de comunicación, lo cual generará una creciente demanda.

El flujo vertical y jerárquico de la información provoca demoras y pérdida de velocidad, lo que limita la capacidad de reacción frente a competidores y un mercado cada vez más activo.

Es imperativo acelerar la transformación hacia organizaciones en redes, tanto a nivel estructural como en el diseño de los procesos de comunicación en redes sociales, donde los jóvenes son expertos en interactuar y encuentran impacto en cada una de estas interacciones.

Este cambio es principalmente cultural, ya que más allá de las herramientas tecnológicas o la forma en que organizamos los equipos, **los líderes y las personas en general deben estar preparados para tener conversaciones abiertas, interactivas y con un escrutinio constante**.

Aunque puede gustarnos o no, las redes sociales son y serán el modelo más eficaz de comunicación organizacional en los próximos años. La rapidez con la que podamos construir redes organizacionales y comunicacionales determinará nuestra capacidad para responder de manera efectiva a las demandas del mercado.

Nuestros consumidores y clientes se expresan a través del intercambio digital, y en ese ámbito, las compañías, sus productos y servicios están constantemente bajo escrutinio por parte de clientes que cada vez son menos leales y otorgan menos confianza a las empresas.

Si nos enfrentamos a la vigilancia social permanente como empresas, ¿por qué no somos capaces de generar ese mismo ecosistema internamente, para que la voz de los empleados fluya de manera constructiva y mejore la organización? Es fundamental crear un entorno donde la comunicación sea abierta, bidireccional y enriquecedora para todos. Y en donde también aceptemos las criticas de manera abierta y explicita.

El teléfono móvil

El teléfono móvil, ese dispositivo que ha generado controversia y preocupación entre padres y madres de generaciones anteriores, se ha convertido en un compañero inseparable en la vida de las personas. Es a través de este pequeño aparato que se establece una conexión casi permanente con el mundo digital las 24 horas del día.

En la actualidad, el teléfono móvil es el portal hacia un universo completo. Desde realizar transacciones, gestionar tareas pendientes, buscar información y mucho más, todo parece estar encapsulado en este dispositivo que ha reemplazado una infinidad de actividades físicas que solíamos realizar. Ir al banco o al supermercado, planificar viajes, trabajar en una oficina, conversar con nuestros hijos o interactuar con amigos; todas estas actividades sociales han encontrado su lugar en el teléfono móvil, en lugar de en las interacciones físicas.

Por tanto, es imprescindible reconocer que, si el mundo se mueve a través de los teléfonos móviles, debemos integrarlos de manera activa y eficiente en el ámbito laboral. Intentar que los jóvenes prescindan de su uso sería tan ilógico como tratar de prohibir que las generaciones anteriores hablaran.

El teléfono móvil se ha convertido en una herramienta fundamental para expresar emociones, generar reconocimientos y expresar discrepancias. Incluso los adultos mayores han encontrado en este dispositivo una forma de conectarse con un mundo que antes les resultaba distante. A través de las redes sociales, WhatsApp y otras aplicaciones, los abuelos pueden mantenerse en contacto con sus nietos. El teléfono móvil ha logrado unir generaciones.

Entonces, **¿cómo están aprovechando las organizaciones este pequeño dispositivo para mejorar la eficacia de sus procesos productivos e integrar a toda su población interna?**

Muchas organizaciones han dado pasos agigantados al trasladar toda su información a la nube y hacerla accesible a través de teléfonos móviles, convirtiéndolos en la principal herramienta de trabajo. No debemos temerle al teléfono celular, sino más bien enfocarlo de manera que sea eficiente y constructivo para los jóvenes, quienes lo consideran como una extensión de su propio ser.

La pregunta clave es ¿cómo aprovecharemos al máximo este dispositivo en el entorno laboral, de modo que los jóvenes puedan incorporarlo a sus rutinas de trabajo? **Ha llegado el momento de reconciliarnos con este dispositivo y combinar su uso con el contacto presencial, pues no se trata de elegir entre uno u otro, sino de integrar ambos de manera eficiente y humana.**

Inteligencia Artificial (IA)

La inteligencia artificial tiene un impacto significativo en diversos aspectos de la forma de trabajar. Describimos algunas de las formas en las que la IA está transformando la forma en que realizamos nuestras tareas laborales:

Automatización de tareas: La IA permite automatizar tareas repetitivas y basadas en reglas, liberando a los empleados de actividades tediosas y rutinarias. Esto les permite enfocarse en tareas de mayor valor agregado que requieren habilidades humanas únicas, como la creatividad, la toma de decisiones estratégicas y las interacciones sociales.

Aumento de la eficiencia: Al utilizar algoritmos y análisis avanzados, puede analizar grandes volúmenes de datos en poco tiempo, identificando patrones, tendencias y oportunidades ocultas. Esto ayuda a las empresas a tomar decisiones más informadas y a optimizar sus operaciones para mejorar la eficiencia y reducir los costos.

Mejora de la precisión y calidad: La IA puede procesar datos con mayor precisión y consistencia que los humanos, lo que puede llevar a una mayor calidad en los resultados.

Asistencia y colaboración inteligente: Los sistemas de IA pueden actuar como asistentes virtuales que brindan información y recomendaciones relevantes en tiempo real. Además, la IA facilita la colaboración entre humanos y máquinas, permitiendo la interacción y el trabajo conjunto en tiempo real para lograr resultados más efectivos.

Personalización y experiencia del cliente: La IA permite ofrecer experiencias personalizadas a los clientes al analizar sus preferencias, comportamientos y necesidades individuales.

Es importante tener en cuenta que, si bien la IA ofrece muchas ventajas y oportunidades, también plantea desafíos éticos y sociales. Es fundamental abordar estos desafíos de manera responsable y garantizar que la implementación de la IA se realice de manera ética y equitativa, teniendo en cuenta el impacto en los empleados y la sociedad en general.

Toda esta transformación tecnológica/digital tiene muchos impactos positivos como hemos visto, pero también tiene factores complejos a atender, como el incremento de la ansiedad a partir de la interacción permanente o ilimitada. En el próximo capítulo, nos adentraremos en este tema de gran relevancia: la ansiedad. Exploraremos de manera más profunda este emergente radical y preocupante que no solo afecta a los jóvenes, sino a toda la población. Descubriremos las consecuencias que la ansiedad puede tener tanto a nivel individual como en nuestro entorno.

A medida que nos sumergimos en esta problemática, analizaremos las causas y los factores desencadenantes de la ansiedad, así como las diferentes formas en que puede manifestarse con foco en el ámbito laboral. También exploraremos las repercusiones emocionales, mentales y físicas que conlleva, poniendo especial énfasis en su impacto en la calidad de vida y las relaciones interpersonales y cual es el rol de las organizaciones en amortiguar sus efectos.

TECNOLOGÍA QUE IMPACTA EN LA FORMA EN QUE TRABAJAMOS

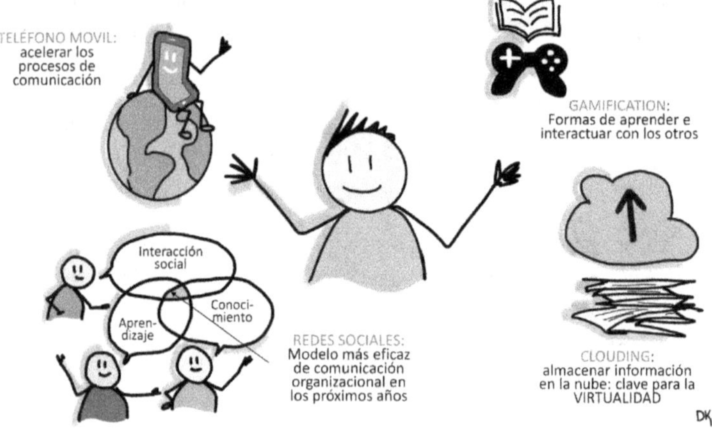

CAPÍTULO 6

LA ANSIEDAD, SENTIMIENTO DE ÉPOCA

LA ANSIEDAD, SENTIMIENTO DE ÉPOCA

"La salud mental tiene un estigma. La gente cree que si pide ayuda de este tipo significa que son débiles. Pero la salud mental no es diferente de ir al doctor a corregir un hueso roto. La gente, si tiene un hueso roto no piensa 'Oh, puedo manejar esto, solo tengo que esforzarme más'. ¡Eso sería una locura! La salud mental no debería ser tratada diferente que la salud física", nos dice Johan Cohen, psicólogo clínico de la Universidad de Harvard e investigador del Centro de Trastornos de Ansiedad y Estrés Postraumático del Hospital General de Massachusetts; en octubre 2019 en una conferencia en Universidad de Monterrey. México.

Según el Informe de Salud Mental de la Organización Mundial de la Salud (OMS) de junio de 2022, la depresión y la ansiedad aumentaron un 25% en el primer año de la pandemia. Con ello, el número de personas que padecen una enfermedad mental asciende a casi 1.000 millones. "Además, las pausas en los tratamientos de las enfermedades mentales se han ampliado enormemente", dice un portavoz de la OMS.

Sabemos que la ansiedad es la respuesta del cuerpo a la preocupación y al miedo, sin embargo; Sanam Hafeez, Psy.D, neuropsicólogo en la ciudad de Nueva York y miembro de la facultad de la Universidad de Columbia, nos dice que "la ansiedad" no es tan simple, ya que existe una amplia diversidad en cuanto a la profundidad con la que la ansiedad afecta a las personas y en la medida en que interfiere con su calidad de vida".

Quisimos traer esta declaración de Sanam Hafeez; para poner en palabras que la ansiedad genera un impacto tal en la persona que lo padece que puede afectar su desempeño en sus obligaciones cotidianas. Por esta misma razón, considero que las organizaciones, como actores importantes de una sociedad, deben contemplarlo y actuar en consecuencia.

En este capítulo, exploraremos este fenómeno, analizando datos y enfoques diversos para comprender mejor sus causas, consecuencias y posibles soluciones desde la perspectiva organizaciónal.

Para comenzar realizamos una comparación de la evolución de búsquedas en google trend sobre los términos "Ansiedad" y "Salud Mental" durante los últimos 5 años.

Análisis de Google Trend realizado el 25.06.2023

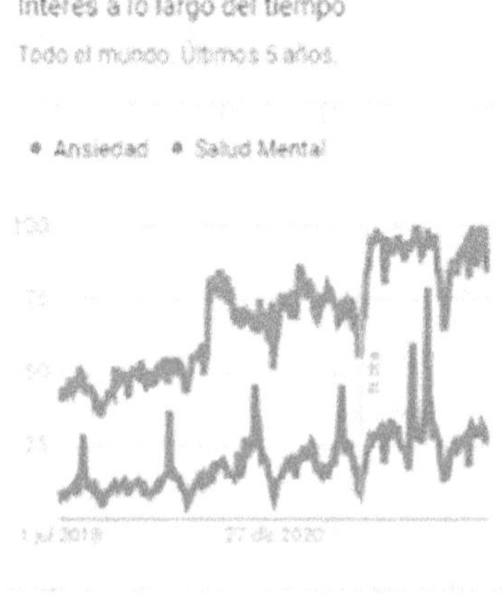

Este gráfico comparativo muestra el nivel de interés y preocupación de la población mundial respecto a la ansiedad y la salud mental. Utilizando el algoritmo de Google Trends, hemos analizado los datos de los últimos 5 años y se observa un aumento significativo en el porcentaje de búsquedas relacionadas sobre estos temas desde el inicio de la pandemia hasta la actualidad. De hecho, podemos apreciar que dicho porcentaje se ha duplicado en este periodo. Esto indica un creciente interés y conciencia acerca de la importancia de la ansiedad y la salud mental en la sociedad actual.

Mas información para dimensionar el problema a partir de algunas conclusiones de la Organización Mundial de la Salud, Organización Internacional del Trabajo, American Psychological Association y otras entidades que nos proporcionan información de valor.

- En el 2019 al menos 301 millones de personas en el mundo sufrían un trastorno de ansiedad. Del total, aproximadamente 58 millones eran niños o adolescentes según la OMS.

- Durante la pandemia de coronavirus, un 27% de los jóvenes encuestados reportó sentir ansiedad, según un sondeo del Fondo de las Naciones Unidas para la Infancia (Unicef, por sus siglas en inglés).

- Los trastornos de ansiedad tienen un impacto económico significativo en las organizaciones y la sociedad en general. Según la OMS, se estima que los trastornos de ansiedad y depresión le cuestan a la economía mundial alrededor de un billón de dólares al año en pérdida de productividad.

- La ansiedad puede contribuir al ausentismo laboral. Según un informe de la American Psychological Association (APA), el estrés y los trastornos de ansiedad son una de las principales causas de ausentismo en el trabajo.

- Baja productividad:La ansiedad puede afectar negativamente la productividad laboral. Un estudio publicado en la revista Occupational Medicine encontró que los trabajadores con niveles más altos de ansiedad tenían una menor productividad en comparación con aquellos con niveles más bajos de ansiedad.

- Dificultades interpersonales: La ansiedad puede influir en las relaciones interpersonales en el lugar de trabajo. Los empleados ansiosos pueden tener dificultades para establecer y mantener relaciones saludables con sus compañeros de trabajo, lo que puede afectar la colaboración y el trabajo en equipo.

- Riesgo de burnout: La ansiedad crónica no tratada puede aumentar el riesgo de desarrollar síndrome de burnout o agotamiento laboral. El estrés crónico asociado con la ansiedad puede agotar los recursos emocionales y físicos de una persona, lo que lleva a la disminución del rendimiento y la satisfacción laboral.

- Un estudio de la OIT acerca de las políticas y programas de salud mental concernientes a los trabajadores de Alemania, los Estados Unidos, Finlandia, Polonia y el Reino Unido muestra que la incidencia de los problemas de salud mental está aumentando, hasta el punto de que uno de cada diez trabajadores sufre depresión, ansiedad, estrés o cansancio, que en algunos casos llevan al desempleo y a la hospitalización. Ginebra 2020

Desde un punto de vista médico, **la ansiedad** es un trastorno que se caracteriza por **sentimientos persistentes de preocupación, miedo, tensión o aprehensión excesiva**. La ansiedad puede manifestarse de diferentes maneras, como **síntomas físicos, emocionales y cognitivos**.

- En términos físicos, la ansiedad puede causar síntomas como palpitaciones, sudoración, dificultad para respirar, temblores, sensación de opresión en el pecho, molestias estomacales y tensión muscular.

- Emocionalmente, puede haber una sensación constante de inquietud, irritabilidad, miedo o pánico.

- A nivel cognitivo, la ansiedad puede llevar a la preocupación excesiva, dificultad para concentrarse, pensamientos negativos recurrentes y anticipación ansiosa de eventos futuros.

La ansiedad es una respuesta emocional y fisiológica que experimentamos ante situaciones percibidas como amenazantes, estresantes o peligrosas. Puede manifestarse como una sensación de inquietud, preocupación, miedo o tensión intensa.

Cuando la ansiedad se vuelve crónica o excesiva, puede ser perturbadora y afectar negativamente la calidad de vida de una persona. Puede interferir en las actividades diarias, las relaciones interpersonales, el rendimiento académico o laboral, y la salud en general.

La ansiedad puede ser causada por una combinación de factores, incluyendo predisposición genética, desequilibrios químicos en el cerebro, **experiencias traumáticas o estresantes, y factores ambientales**. Es importante destacar que la ansiedad se diagnostica como un trastorno cuando estos síntomas son intensos, persistentes y afectan significativamente la vida diaria de una persona.

Ahora sí, habiendo analizado estos datos, podemos afirmar que hubo un aumento significativo del sentimiento de ansiedad en la población debido a la pandemia de COVID-19. **La crisis sanitaria y las medidas de control, como el distanciamiento social, el confinamiento y la incertidumbre generalizada, han genera-**

do un impacto notable en la salud mental de muchas personas en todo el mundo.

No pretendo ofrecer un enfoque médico exhaustivo sobre este fenómeno, ya que existen expertos en el campo, como psiquiatras y psicólogos, que han investigado y desarrollado ampliamente la perspectiva clínica de la ansiedad. Desde mi perspectiva sociológica, me interesa explorar y comprender cómo los factores sociales, tecnológicos y generacionales convergen para contribuir al notable incremento de este sentimiento perturbador en los últimos años.

Antes de analizar los impactos emocionales de la pandemia en el entorno laboral, es importante examinar el estado del mundo laboral y organizacional justo antes del estallido de la crisis global. En este sentido, podemos observar una serie de transformaciones y tendencias que caracterizaron ese período.

Para ello vamos a referimos al término BANI, acuñado por Jamàis Cascio; un destacado antropólogo, escritor y futurista estadounidense. BANI se utiliza para describir el contexto en el que vivimos actualmente y que explica con sencillez las características disruptivas en las que transcurrimos en nuestras sociedades.

El acrónimo B.A.N.I. está compuesto por las iniciales de las palabras e inglés **Brittle** (quebradizo), **Anxious** (que genera ansiedad), **Non-linear** (no lineal) e **Incomprehensible** (incomprensible); para describir el contexto actual.

Pero ¿qué se quiere describir detrás de estas palabras cuando las utilizamos en el mundo de los negocios y las organizaciones?

Brittle (frágil): Esta característica del nuevo mundo está relacionada a la posibilidad de que las estrategias de negocio o las decisiones adoptadas se quiebren con facilidad. Los sistemas garantizan mucho menos de lo que garantizaban antes, y el fracaso ante distintos modelos de negocios está enraizado de forma casi permanente en la dinámica de los mercados. El fracaso o el error en las organizaciones está a la vuelta de la esquina y deben adaptarse a un circuito que resetea permanentemente el fracaso y que aprende del error -o debería- de una manera muy veloz.

El mayor riesgo lo enfrentan aquellas organizaciones que han sido exitosas en el pasado, y que a partir de esos éxitos han construido una "cultura del éxito" en un mundo de negocios que ya no existe y que genera un exceso de confianza aún en mercados absolutamente distintos a los de entonces y, sobre todo, que no da lugar a incorporar el error y el fracaso como parte de su dinámica de desarrollo organizacional.

La fragilidad de los negocios y el desafío permanente de la aparición de nuevas empresas, más pequeñas, más ágiles, en general basadas en tecnología, hacen que las grandes compañías se vean absolutamente desafiadas en sus modelos de negocio, y sobre todo -y lo que más nos importa en este libro- respecto de su gestión de Capital Humano, donde las respuestas se quiebran rápidamente ante las nuevas demandas de las generaciones emergentes.

Anxious (Ansioso): Este es el rasgo al que más atención le prestaremos por el impacto en los niveles de incertidumbre de las personas. Este entorno genera miedo, ya que la gente se enfrenta a situaciones que desconocía, que no esperaba y que generan desorientación. La incertidumbre general sobre la imprevisibilidad del contexto social en el que nos movemos provoca ansiedad, por la dificultad para planificar y por no saber cómo relacionar las variables del presente con las previas que conocíamos. El final del mundo lineal no nos ayuda a comprender el presente y es lo que hace que psicológicamente la gente esté tratando de interpretar lo que vendrá con muy pocas variables conocidas.

La sensación de que cualquier decisión puede generar un impacto desconocido hace que cada vez sea más difícil tomar decisiones por esos miedos a lo desconocido. La incertidumbre y los miedos permanentes por los cambios vertiginosos del entorno hacen que los niveles de ansiedad organizacional se incrementen de manera exponencial y que tomar decisiones sea cada vez más complejo.

En el mundo del bombardeo informativo y del exceso de información -que incluye contenidos negativos, directamente falsos (*fake news*) o que desorientan respecto a sus causas y consecuencias- hace que se requiera de una capacidad central en las organizaciones y en los líderes a la hora de manejar esa enorme cantidad de datos desorganizados con los cuales la gente se enfrenta: **se trata de la empatía**. Es, sin duda, la respuesta más eficaz que tenemos como sociedad y en el mundo del trabajo para poder entender y ponernos en el lugar del otro ante el crecimiento de la ansiedad como fenómeno masivo. Escuchar al otro, entenderlo y ayudarlo, es la única manera de poder generar mayor confianza en el vínculo y en las decisiones que debe tomar cada persona en el ámbito laboral o personal.

La dificultad para la atención plena y para la desconexión de la vida digital y laboral es otro de los grandes desafíos que el fenómeno de la ansiedad trae consigo. La gente intenta adaptar el futuro a las condiciones que conoce del presente y del pasado, intentando resolver las cosas rápidamente sin entender que aquellas respuestas ya no son útiles. Obviamente, cuando esas respuestas fracasan, generan mayores niveles de ansiedad que se retroalimentan en un círculo vicioso.

La adaptación a la actualidad queda casi instantáneamente obsoleta y tiende a llevarnos a otras dos opciones que también vienen de la mano de una mayor ansiedad: la inactividad o el apresuramiento.

No linear (No lineal): La falta de linealidad en los procesos sociales u organizacionales es un fenómeno que ya desarrollamos previamente y que obviamente se puede resumir en la falta de correlación entre la causa y los efectos de un proceso. La dificultad para entender la causa de determinados fenómenos es un gran problema para las organizaciones, pero inclusive aunque las causas puedan ser identificadas, el efecto de las mismas en aspectos del negocio o de la organización también son muy difíciles de comprender y eso genera también importantes niveles de ansiedad interna.

La incomprensión sobre cómo causas cada vez más complejas impactan en los resultados del negocio de manera cada vez más imprevisible hace que **los integrantes de una organización vivan en un estrés cada vez mayor**.

Este estrés laboral que en muchos casos es minimizado o no detectado en las grandes compañías, provoca que cada vez menos personas tengan interés en participar del mundo de las grandes corporaciones, donde el entendimiento de estos impactos se diluye por una pirámide organizacional con menos capacidad de percepción.

Este nivel de presión es aún mayor en las grandes organizaciones, donde deben rendir cuentas a sus inversores múltiples o a las bolsas de comercio donde operan, explicando causas y resultados de acciones que en muchos casos son inexplicables. Esa gran complejidad de interrelación y necesidad de resultados sobre negocios cada vez más imprevisibles es lo que genera disrupciones en la dinámica de trabajo, tanto en las organizaciones tradicionales como en las más nuevas.

Otro fenómeno propio de la no linealidad es que surgen pequeños hechos menores que pueden acarrear consecuencias muy importantes, positivas o negativas. El mundo está atento a esas pequeñas acciones que hacen que vivamos en una **sensación de urgencia permanente** en donde pensamos y repensamos cada acción que llevamos adelante.

En ese sentido, **el mundo de las organizaciones tiene el gran desafío de brindar modelos lo suficientemente flexibles para que las personas puedan lidiar con el día a día de una manera**

menos estresante y generar un sistema sin miedo a tomar esas pequeñas decisiones.

Los modelos de gestión basados en marcos de trabajo colaborativos, donde la red en sí misma pesa cada vez más que las individualidades, son los que permiten que el intercambio y las miradas múltiples provoquen nuevas decisiones de manera más ágil y menos solitaria y por tanto menos estresante.

Incomprehensible (incomprensible): Este mundo que describimos previamente -tan complejo, no lineal, impredecible, sin relación entre causas y consecuencias- hace que muchos de los fenómenos organizacionales sean cada vez más difíciles de comprender. En el "mundo previo", todos creíamos saber y conocer nuestras organizaciones, nuestros negocios y nuestras decisiones. Hoy, nos encontramos con un mundo donde cada vez entendemos menos las relaciones causa efecto.

Los modelos mentales previos, más previsibles, se ven en shock a la hora de tratar de entender factores que son en muchos casos difíciles de estimar. A pesar de que este mundo nos provee de muchísimos más datos, eso no garantiza su comprensión e impacto en el mundo de los negocios: sencillamente porque los datos en sí mismos no ofrecen las soluciones.

Su interpretación y la selección de lo relevante para la toma de decisiones es lo que realmente importante, y no todas las organizaciones están preparadas para ese proceso de comprensión y acción sobre esos datos. Muchas veces ni siquiera entendemos cómo surgieron los mismos o las conclusiones que de ellos se derivan.

A veces tenemos preguntas sin respuestas, y por lo tanto la decisión sobre la acción a tomar a partir de esos datos se nos hace difícil. Sabemos que tanto la *big data* como la *AI* pueden ser nuestros aliados a la hora de obtener, procesar y ordenar datos, pero qué hacer con esos datos y cómo tomar decisiones sobre ellos es la real complejidad del nuevo mundo.

En definitiva, el entorno BANI no apareció con el COVID 19. Ya estaba entre nosotros. La pandemia sólo expuso de manera más evidente lo complejo de este nuevo mundo, que enfrenta problemas cada vez menos imaginados y planificados, con impacto en múltiples ámbitos como el económico, el social, el político, el educativo y, por supuesto, el organizacional.

Desde la perspectiva organizacional, este mundo caótico pone en jaque de manera permanente los modelos de negocio desarrollados durante décadas. Hoy, esos modelos no alcanzan para desarrollar respuestas para clientes y consumidores y, lo que es más relevante en este libro, para dar respuestas a las vidas y necesidades de los empleados en las organizaciones.

Tanto interna como externamente las empresas no tienen la posibilidad de pensar un plan de negocios o de organización basado en un solo escenario, sino que la turbulencia exige contar con múltiples planes en paralelo.

Lo más preocupante de este entorno es que contribuye de manera directa a **mayores niveles de ansiedad**, tanto individuales como colectivos.

Desde el punto de vista organizacional, esa incertidumbre y esa incomprensión de la complejidad genera en los trabajadores menores previsiones sobre los efectos de sus acciones, y una mayor duda sobre las causas que los originan.

La ansiedad colectiva se ha extendido significativamente y el contexto social, económico y político no colaboran porque generan cada vez mayores dificultades a la hora de tomar decisiones.

Las generaciones previas no están exentas de esta ansiedad, y en muchos casos la convierten en barreras que impactan en lo organizacional. Es que los mayores de 40 tienen sus propios motivos de ansiedad: por ejemplo la que surge de las disrupciones tecnológicas cotidianas y la de su futuro laboral incierto. Saben que sus trabajos se están modificando producto de la tecnología y se enfrentan a las dificultades para planificar un futuro económico estable.

Esto genera niveles de incertidumbre que se traducen en niveles incrementales de ansiedad y en muchos casos en fenómenos de depresión creciente que la pandemia incrementó exponencialmente. Los procesos de trabajo del pasado, conocidos y previsibles son cada vez más desafiados por la digitalización y la flexibilización de los nuevos modelos y eso provoca en trabajadores acostumbrados a viejos paradigmas una ansiedad creciente por poder satisfacer nuevas necesidades que, en muchos casos, resultan incomprensibles.

Tecnología y Generaciones: Desafío de comunicación y adaptación

El factor generacional y la tecnología han dado lugar a cambios significativos en la forma en que los niños y adolescentes interactúan con el mundo y desarrollan sus habilidades cognitivas y sociales. Desde una edad temprana, los dispositivos móviles han entrado en escena como una parte integral de su vida cotidiana. Comenzando con tabletas y luego evolucionando hacia teclados, joysticks, teléfonos y otros dispositivos, los niños se ven inmersos en una constante interacción digital.

Esta interconexión digital ha llevado a que la construcción del conocimiento, el desarrollo lúdico y las interacciones sociales estén cada vez más centrados en el mundo tecnológico. Los niños y adolescentes encuentran en estos dispositivos su principal fuente de aprendizaje, entretenimiento y comunicación con sus pares. Como resultado, su punto de atención se enfoca de manera única y lineal hacia el dispositivo, relegando a un segundo plano al contexto analógico y las relaciones presenciales.

Aunque los padres hacemos esfuerzos para administrar el tiempo que sus hijos pasan frente a los dispositivos, la tecnología se ha vuelto casi una extensión orgánica de ellos mismos. Por lo tanto, es inevitable que deseen comunicarse y relacionarse a través de estos medios digitales.

Sin embargo, esta conectividad temprana tiene sus consecuencias. Los jóvenes se sienten cómodos interactuando con sus pares en el mundo tecnológico, pero cuando se enfrentan a generaciones mayores, experimentan ansiedad. La diferencia en la forma de comunicarse y relacionarse con el mundo analógico genera un cruce intergeneracional lleno de tensiones y dificultades de entendimiento.

La ansiedad se vuelve más prominente en situaciones cara a cara con adultos, ya que su proceso de interacción y comunicación está marcado por una dinámica digital muy diferente. A medida que estos jóvenes ingresan al mundo adulto, se ven desafiados a adaptarse a un ambiente que demanda habilidades de comunicación, coherencia lingüística e interacción basadas en modelos analógicos, y regidos por sistemas de autoridad que la tecnología y el mundo digital no poseen.

Esta transición hacia el mundo adulto puede resultar abrumadora, y muchos jóvenes enfrentan niveles significativos de ansiedad al tener que enfrentar situaciones en las que deben aplicar un modelo de comunicación no habitual para ellos. La falta de experiencia en la interacción analógica y la adaptación a sistemas más rígidos pueden generar altos niveles de angustia.

Los jóvenes que han crecido inmersos en el entorno digital enfrentan dificultades para comunicarse y relacionarse en situaciones cara a cara. Entrevistas de trabajo, conversaciones con sus padres o interacciones con jefes de otras generaciones se convierten en desafíos que generan ansiedad, ya que no están acostumbrados a estos modelos de interpretación y comunicación oral.

La ansiedad se incrementa aún más cuando estos jóvenes deben enfrentarse a situaciones nuevas fuera del mundo tecnológico en el que han crecido. Su zona de confort se encuentra en los dispositivos donde han construido su conocimiento y relaciones, y donde se sienten más libres y comprendidos.

Por otro lado, los adultos también experimentan ansiedad al enfrentarse a un mundo cada vez más digitalizado, donde los modelos de relacionamiento previos están siendo reemplazados por la interacción virtual en diversas industrias, como el caso de los bancos y otras organizaciones. La hibridez entre los modelos de comunicación y construcción de conocimientos representa una incertidumbre sobre cómo abordar el futuro.

El proceso de conversión hacia un mundo digital trae consigo desafíos emocionales tanto para las nuevas generaciones como para los adultos. Los jóvenes enfrentan miedos y angustias al enfrentarse al mundo real fuera de los dispositivos, mientras que los adultos se ven desafiados por la reconversión hacia modelos de digitalización y tecnología avanzada.

Esta situación de incertidumbre y ansiedad en ambos modelos de generaciones plantea el interrogante sobre cómo lograr una convivencia armoniosa y productiva en un mundo que avanza hacia la interacción tecnológica. La construcción de relaciones y conocimientos en un contexto digital requerirá habilidades y enfoques emocionales distintos, lo que representa un desafío para ambas generaciones.

En conclusión, el impacto de la tecnología en la sociedad actual genera niveles crecientes de ansiedad en los jóvenes y adultos por igual. La adaptación al mundo digital, junto con la coexistencia de diferentes modelos de interacción, requerirá esfuerzos y comprensión mutua para abordar los desafíos emocionales que surgirán en este proceso de cambio hacia una sociedad cada vez más digitalizada.

EL FACTOR GENERACIONAL Y LA TECNOLOGÍA

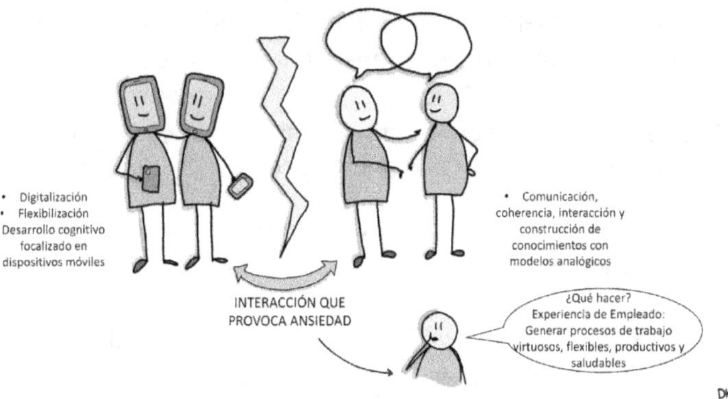

Un sentimiento de época

Más allá del entorno y del impacto de la tecnología en el mundo académico y del trabajo, es importante tratar de entender ¿por qué la ansiedad se ha convertido en un sentimiento y en una emoción de la época?

En su libro "Ansiedad", Scott Stossel la define como "una enfermedad social, producto de una época muy especial". El autor no se dedica a la Medicina; es un ensayista que ha sufrido en carne propia la ansiedad y trata de decodificar las causas y consecuencias de este fenómeno que él traduce como un **miedo muy profundo a vivir**.

Uno de los factores que él encuentra como un síntoma claro de la evolución de la civilización occidental es el incremento exponencial en las últimas décadas del consumo de medicación psiquiátrica.

Stossel dice que la ansiedad es ese sentimiento que nos lleva a pensar sólo en el futuro, en las consecuencias de lo que haremos casi de manera única y permanente, y que nos impide vivir el presente de una manera plena y feliz.

Como **nos acosa la idea de lo que nos pasará** en el futuro no podemos atender lo que estamos viviendo en el presente. Esta mirada absolutamente puesta en lo que vendrá y no en el hoy, no tiene una única razón: es simplemente la consecuencia de un mundo cada vez más difícil de entender y que exige cada vez más de las personas para poder mitigar sus consecuencias impensadas como vimos al describir el entorno BANI.

El autor afirma que está preocupación por el futuro genera varias consecuencias indeseadas: el temor, la vergüenza y sobre todo, la parálisis que proviene de evaluar tantas posibilidades futuras para las acciones presentes. Esa exacerbación del análisis genera temores para tomar decisiones, y por tanto más parálisis. La remoción permanente de ideas, ese ida y vuelta sin fin, genera parálisis, pánico a estar estancado.

La ansiedad, en síntesis, no es más ni menos que **la reacción de los individuos por tener un mayor control** sobre un mundo cada vez más complejo, frágil, no lineal e incomprensible.

Los modelos de educación, el impacto de la tecnología, el entorno y el contexto podrían ser explicaciones suficientes, pero no exclusivas para entender el incremento exponencial de la ansiedad como fenómeno social.

Evidentemente la ansiedad es un factor negativo y puede ser patológico, porque afecta la vida social y laboral de las personas. La siguiente pregunta es **¿Cómo podemos lidiar con la propia ansiedad?**

El Dr. Johan Cohen nos dice que "Cuando nos ponemos ansiosos, rechazamos ese sentimiento, pero lo que eso hace es que exacerba el mismo; al querer detener la ansiedad en realidad hacemos que nos pongamos más ansiosos. Y la forma de lidiar con la ansiedad es hacer exactamente lo contrario, estar dispuesto a estar ansioso en este momento para en el futuro poder tener menos ansiedad".

Para enfrentarla, lo primero es asumirla y comprenderla. Aceptar esta realidad es fundamental para poder tratarla, no solo desde una perspectiva médica, sino también adoptando dinámicas adecuadas que reduzcan su impacto en la vida cotidiana. Es esencial entender que las soluciones sostenibles provienen de una vida social y laboral equilibrada que pueda mitigarla.

Los profesionales en Psicología y Psiquiatría desempeñan un papel esencial en el tratamiento de la ansiedad, pero las organizaciones también tienen la responsabilidad de apoyar este proceso, reconociendo la ansiedad como una patología con consecuencias negativas para las personas. Es crucial establecer sistemas y procesos que promuevan el bienestar personal diario, fomentando el disfrute en el trabajo y el ambiente laboral sin imponer niveles disruptivos de exigencia de forma continua.

La presión a la que están sometidos los empleados en el ámbito laboral aumenta considerablemente los niveles de ansiedad, especialmente en aquellos que ya padecen algún trastorno base, lo que puede llevarlos a la frustración y angustia. Por lo tanto, es responsabilidad de las organizaciones crear entornos de trabajo virtuosos, flexibles, productivos y saludables que ayuden a mitigar los niveles de ansiedad presentes en la sociedad actual.

¿Cómo pueden las organizaciones impactar de forma positiva?

La experiencia empleada, tan mencionada en la actualidad, es finalmente una oportunidad para contribuir al bienestar mental de los colaboradores, proporcionándoles procesos, contextos e interacciones que no incrementen los niveles de ansiedad que ya generan la impredecible sociedad y el mundo laboral contemporáneo.

A veces confundimos experiencia empleado, con una moda, en la que se termina hablando de detalles insignificantes, como lo moderno de un mobiliario en la oficina, si proveemos de frutas a los empleados o si solventamos el servicio de gimnasio. Brindar una saludable experiencia empleado es mucho más que esos elementos que son esencialmente marketineros y que no cambian radicalmente los aspectos psico emocionales de los empleados. Se trata de crear ambientes con la menor toxicidad posible entre los vínculos laborales, con espacios de flexibilidad adecuados y con niveles de presión y trato adecuados a las necesidades individuales.

Las organizaciones empresariales deben reconocer su rol social en relación con el impacto en las enfermedades psicoemocionales actuales. Adaptarse para brindar espacios más saludables forma parte de una nueva agenda de responsabilidad social empresarial. En un panorama global de una sociedad cada vez más compleja emocionalmente, esto adquiere gran relevancia. Las organizaciones deben ser impulsoras de un marco productivo que promueva un mayor bienestar mental de los trabajadores.

Es importante tener en cuenta que la adopción de prácticas de salud mental en el lugar de trabajo puede variar según la industria, el tamaño de la empresa y la cultura organizacional.

A continuación compartimos algunas estrategias que las empresas pueden implementar para abordar la ansiedad en el lugar de trabajo:

Programas de bienestar mental: Muchas empresas ofrecen programas de bienestar que incluyen recursos y apoyo para abordar la ansiedad. Estos programas pueden incluir sesiones de meditación, programas de reducción del estrés, asesoramiento y acceso a servicios de salud mental.

Sensibilización y educación: Capacitar a los empleados y líderes sobre la ansiedad y sus efectos puede ayudar a crear un ambiente de trabajo comprensivo y solidario. La sensibilización reduce el estigma asociado con la ansiedad y anima a los empleados a buscar ayuda cuando la necesiten.

Flexibilidad laboral: Ofrecer opciones de flexibilidad laboral, como horarios de trabajo flexibles o trabajo remoto, puede ayudar a los empleados a manejar mejor su ansiedad al reducir el estrés relacionado con el trabajo y permitir un equilibrio entre la vida laboral y personal.

Apoyo emocional: Proporcionar un ambiente de trabajo donde los empleados puedan hablar abiertamente sobre sus preocupaciones y ansiedades fomenta la confianza y el apoyo mutuo entre los colegas.

Políticas de licencia y días de descanso: Garantizar que los empleados tengan la opción de tomarse días de descanso o licencias por motivos de salud mental es esencial para permitirles manejar su ansiedad sin preocupaciones laborales adicionales.

Evaluación del riesgo psicosocial: Identificar y abordar factores estresantes en el lugar de trabajo que pueden contribuir a la ansiedad es importante. Esto puede implicar realizar evaluaciones de riesgos psicosociales para mejorar el ambiente laboral.

Apoyo para la gestión del estrés: Proporcionar técnicas de manejo del estrés, como entrenamiento en resiliencia y habilidades de afrontamiento, puede ayudar a los empleados a enfrentar la ansiedad de manera más efectiva.

Acceso a recursos de salud mental: Facilitar el acceso a profesionales de la salud mental y servicios de apoyo puede ser fundamental para aquellos empleados que necesiten ayuda más especializada.

Es importante que las empresas reconozcan que el manejo de la ansiedad en el lugar de trabajo es un proceso continuo y que cada empleado puede tener necesidades diferentes.

En resumen, la ansiedad ya no puede ser ignorada ni ocultada. Reconocerla, entenderla y abordarla de manera adecuada es fundamental para construir una sociedad y un ambiente laboral más saludable y equilibrado.

LA ANSIEDAD COMO SENTIMIENTO

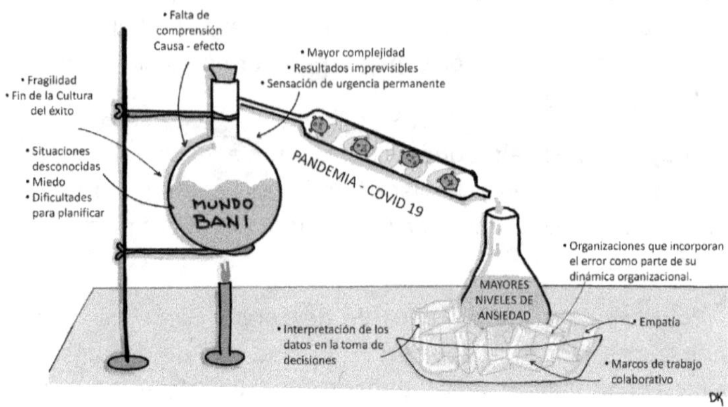

LAS NUEVAS ORGANIZACIONES. LOS ECOSISTEMAS DE TRABAJO

LAS NUEVAS ORGANIZACIONES, LOS ECOSISTEMAS DE TRABAJO

En los capítulos anteriores, hemos explorado los numerosos impactos que el mundo del trabajo ha experimentado, especialmente durante la pandemia. En este capítulo, examinaremos dos impulsores centrales de estos cambios: los nuevos modelos organizaciones y los cambios en los valores socio laborales. Para luego adentrarnos en como estos dos factores impulsan lo que llamamos "Nuevos Ecosistemas del trabajo".

1- Nuevos Modelos organizacionales

Las organizaciones que operan en industrias tradicionales enfrentan una marcada aceleración de la presión competitiva en los últimos años. Frente a la explosión del mundo digital, estas industrias, con modelos y estructuras de costos basados en activos pesados y una importante cantidad de mano de obra propia y concentrada, se enfrentan compitiendo por inversiones a empresas tecnológicas y startups con modelos de rentabilidad y ganancias aceleradas y exponenciales.

Las empresas digitales, en su mayoría, presentan estructuras livianas, ya que actúan como intermediarios entre productores y consumidores finales. Esta intermediación requiere baja inversión en activos y cortos períodos de repago. Ejemplos de esto son AirB&B, que conecta consumidores con ofertas de alojamiento, y Uber, que conecta usuarios con servicios de transporte a través de plataformas tecnológicas. Estos negocios de intermediación digital no requieren modelos de contratación rígidos ni representación gremial en muchos casos.

En contraste, las empresas tradicionales demandan fuertes inversiones en activos productivos y de distribución, lo que requiere mano de obra intensiva y afecta la rentabilidad final. El desafío para estas industrias es reconvertirse rápidamente para generar una estructura de costos más competitiva y ofrecer a los accionistas alternativas atractivas para sus negocios. Esto implica revisar la estrategia en activos de largo plazo, considerar nuevas estrategias de tercerización de producción y distribución, y concentrar la producción en menos locaciones para reducir costos.

Además, las estructuras administrativas de back office y soporte al negocio comienzan a ser consideradas de manera más ágil y a través de estructuras satelitales que pueden prestar estos servicios con mejores capacidades y costos.

Las megaestructuras concentradas del pasado están evolucionando hacia organizaciones más pequeñas, donde la empresa central se enfoca en el núcleo estratégico del negocio y construye redes externas ágiles, flexibles y menos costosas para brindar servicios.

También se está produciendo un proceso de renovación tecnológica y digitalización de los procesos para mejorar costos y agilizar los negocios. Esto incluye la implementación de inteligencia artificial, automatización, robotización y digitalización de datos, lo que tiene un impacto directo en el mundo del trabajo. Muchas actividades y tareas que solían ser realizadas por personas ahora son automatizadas y digitalizadas, lo que transforma numerosos puestos tradicionales en algo diferente.

El futuro del trabajo es una realidad en múltiples dimensiones, con nuevas tareas, profesiones y oficios atravesados por la transformación digital. Las organizaciones tradicionales deben enfrentar una transformación profunda para lograr estructuras de costos saludables y procesos internos flexibles para competir en un mercado cada vez más BANI (que se traduce como frágil, ansioso, no lineal e incomprensible). Esto no afecta a las organizaciones que nacieron en el mundo digital, ya que se han adaptado a estas nuevas dinámicas desde su creación.

Como ya vimos previamente una encuesta de Deloitte realizada en 2018 proporcionó una interesante descripción del impacto tecnológico en el mundo laboral. Según los encuestados, el 46% de los trabajos existentes en ese momento dejarían de existir o se transformarían en algo nuevo en la próxima década. Además, el 41% de los trabajos realizados en las compañías se proyectaba que serían asumidos por empresas más pequeñas y satelitales a la empresa central. Este diagnóstico no cambió con la pandemia, pero sí se aceleró drásticamente debido al impacto que tuvieron los valores socio laborales de la población durante ese

PRESIÓN POR IMITAR LA COMPETITIVIDAD DEL MUNDO TECNOLÓGICO

periodo y que influyeron directamente en un cambio importante de habito en las personas ya sea como clientes, consumidores o trabajadores.

2 - Cambios en los valores socio laborales

El segundo factor disruptivo al que estamos asistiendo es lo que en los países desarrollados los especialistas han llamado "La gran renuncia" para explicar este proceso de cambio social.

Pero, ¿qué es exactamente? ¿Es un fenómeno que surgió durante la pandemia?

En realidad, esto no se trata de un simple cambio en los hábitos laborales, sino de una transformación profunda en los valores culturales y sociales de la población respecto a su percepción del trabajo.

Antes de la pandemia, ya se estaba produciendo un fenómeno sostenido en el cual, sobre todo las nuevas generaciones, venían exigiendo mayores condiciones de flexibilidad a sus organizaciones. Muchas compañías, especialmente las transnacionales, empezaron a adaptarse a estas demandas revisando sus prácticas y políticas de gestión de capital humano para ofrecer mayores niveles de flexibilidad.

Este proceso comenzó alrededor del año 2010, cuando muchas organizaciones empezaron a implementar modelos de trabajo que incluían horarios flexibles de ingreso y egreso, la posibilidad de trabajar desde el hogar, mayor tolerancia a sistemas de presencialidad y la opción de tener media jornada libre para el esparcimiento entre muchas otras propuestas.

La pandemia aceleró exponencialmente esta tendencia. Aquellos que tuvieron la oportunidad de trabajar desde casa durante meses experimentaron una mayor flexibilidad para atender demandas domésticas y pasar tiempo con sus seres queridos sin que esto afectará negativamente la productividad laboral. Esta situación hizo evidente que el balance entre el tiempo en la oficina y el tiempo con la familia no era el adecuado para sus necesidades personales.

Así, lo que ya venía creciendo con la generación millennial y centennial se aceleró debido a la pandemia. El cambio en la interacción laboral, impulsado por la virtualidad forzada, cuestionó el antiguo modelo de control presencial que se había mantenido durante décadas. El cambio cultural se estableció durante esos casi dos años de pandemia, y el regreso al viejo sistema con un modelo exactamente igual, ya es imposible.

Esta transformación profunda en los valores no solo se refiere a la nueva demanda de evitar espacios físicos determinados, sino que, lo que es aún más significativo, cuestiona el modelo tradicional de relación laboral basado en el empleo en relación de dependencia único y permanente.

Un estudio realizado por ADN Consultoría en el 2020, muestra que casi la mitad de la población no tiene interés en trabajar bajo relación de dependencia con un único empleador, sino que prefiere un modelo distinto de libertad laboral. Esto implica la posibilidad de trabajar para más de un empleador al mismo tiempo, con una flexibilidad que puede ser decidida por la propia persona. Esta tendencia desafía la propuesta de valor como empleador que las compañías tradicionales han construido durante décadas.

Si más de la mitad de la población laboral no está interesada en trabajar para una única compañía, bajo los mismos sistemas, cultura y liderazgo, ¿cómo generar para ellos una propuesta de valor a partir de esta nueva relación laboral?

"La gran renuncia" es una simplificación periodística de un fenómeno mucho más profundo, que tiene que ver con un gran cambio en los hábitos de vida de un sector importante de la población. No se trata simplemente de renunciar a un empleo, sino de renunciar a un modelo de vida laboral del pasado y conectar con uno nuevo que traerá mayores libertades, mayor flexibilidad y, probablemente, mayor incertidumbre.

Estos dos factores, la transformación en los modelos organizacionales y el profundo cambio de los deseos laborales, **nos llevan a repensar ¿cómo estructurar las organizaciones a partir de ahora? y ¿cuál será la propuesta de valor para ese mundo que ya no será "de las grandes compañías"**, sino de múltiples compañías más pequeñas que se relacionan dentro de un ecosistema más amplio.

CAMBIO EN LOS VALORES SOCIO LABORALES

Los nuevos ecosistemas laborales

A lo largo de décadas, las organizaciones han sostenido que la clave para competir en los mercados reside en la calidad y cantidad de talento disponible en su interior. En pos de esta premisa, han desarrollado sistemas y mecanismos de captación, desarrollo y retención de talento para mantenerse competitivas.

El objetivo es buscar personas capaces de llevar adelante los objetivos de negocio de manera creativa, productiva, colaborativa y práctica. Para ello, se han creado complejos modelos de reclutamiento, desarrollo y retribución para atraer y retener este talento, que en general suele ser escaso en el mercado laboral latinoamericano por la carencia de los sistemas educativos y de formación imperantes.

Hasta hace poco, esta dinámica era la que regía en la vida corporativa: ofrecer una propuesta de valor como empleador que sobrepasa a la competencia, brindando mejores condiciones, un ambiente de trabajo propicio y un atractivo modelo cultural para los empleados.

Sin embargo, en la actualidad estamos siendo testigos del **fin de la vida corporativa tal y como la conocíamos**. Lo que alguna vez ofrecimos como atractivo laboral ha quedado obsoleto o simplemente carece de relevancia para las nuevas generaciones.

Cada vez es más complicado para las grandes organizaciones encontrar talento, ya que aquellos a quienes consideramos target muestran cada vez menos interés en trabajar bajo los modelos de organización tradicionales. Estas estructuras se ven cada vez más incapaces de contener o atraer a aquellos profesionales que buscan mayor libertad y flexibilidad en su trabajo.

El paradigma laboral está cambiando. Las nuevas generaciones buscan un sentido de propósito y desean un equilibrio entre su vida personal y profesional. Para adaptarse a estos cambios, las organizaciones deben transformarse y crear nuevos ecosistemas laborales que ofrezcan una mayor autonomía y flexibilidad para atraer y retener el talento necesario en esta nueva era. La capacidad de adaptación y la apertura a nuevas formas de trabajo serán clave para mantenerse relevante en este entorno dinámico y competitivo.

¿Cuáles son las características predominantes de los nuevos ecosistemas laborales?

Flexibilidad: Se refiere a la posibilidad de que los trabajadores dispongan de su horario y lugar de trabajo de acuerdo con sus preferencias. La persona toma el control de su disponibilidad horaria, lo que influye en la forma en que se establecen los vínculos laborales. Se pasa de un enfoque de empleo a largo plazo con un único empleador a un modelo de multitarea, multi trabajo y multiproyecto.

Infraestructura: Estos ecosistemas requieren de una infraestructura tecnológica y social que permita su funcionamiento. La interconexión digital entre proveedores de servicios y demandantes de trabajo se vuelve fundamental, ya sea como empleado directo o contratado tercero. Se necesita una estructura adecuada de software, hardware y sistemas de información para realizar el nuevo trabajo. El clouding y la disponibilidad de datos en multipuntos como ya vimos es crucial.

Clientes múltiples: El término empleador y empleado es reemplazado por cliente y proveedor. Los trabajadores ofrecen sus servicios a múltiples empleadores, estableciendo relaciones más segmentadas y esporádicas, similar a la relación entre un cliente y su proveedor. Esto conlleva contratos por objetivos y pagos por el cumplimiento de esos objetivos, lo que pone mayor foco en el desempeño y los resultados.

Globalidad: El trabajo en estos ecosistemas se desarrolla en un contexto de mayor globalización. Gracias a la tecnología y los sistemas de información, las personas pueden trabajar más allá de las fronteras, lo que lleva a una competencia global por el talento. Las personas pueden recibir propuestas de trabajo de cualquier país, lo que puede llevar a una migración digital del talento.

Libertad: La posibilidad de elegir cuándo, cómo y dónde prestar el servicio es un valor fundamental en este nuevo modelo de ecosistema laboral. La libertad de elección sobre el propio tiempo de trabajo se convierte en una necesidad central para los trabajadores. Aunque seguramente estará más limitada en mercados laborales menos desarrollados y de mayor informalidad y tasa de desocupación, la libertad seguirá siendo un deseo fundamental para los trabajadores.

Trabajo remoto: El trabajo desde cualquier lugar se convierte en una característica esencial y un valor cultural en este nuevo modelo laboral. Las organizaciones deben enfrentar el desafío de construir vínculos y modelos de colaboración en un entorno donde la interacción física y presencial será mucho menor que antes.

Freelancing: La explosión del mundo de los freelancers es un reflejo de este fenómeno de ecosistemas laborales. Los trabajadores autónomos pueden ofrecer sus servicios directamente a las compañías o a través de plataformas especializadas. La libertad de acción, el trabajo remoto, la globalidad y los clientes múltiples se unen en el modelo de freelancing, aunque implica una resignación de beneficios del mundo corporativo.Y sobre todo de la estabilidad en la planificación económica personal.

En este nuevo panorama laboral, las organizaciones deberán adaptarse para atraer y retener el talento, ofreciendo un entorno que promueva la flexibilidad, la colaboración digital, la libertad de elección y un enfoque más orientado hacia los resultados. Asimismo, los trabajadores deberán encontrar un equilibrio entre sus necesidades personales y profesionales en un contexto de mayor autonomía y oportunidades globales.

LOS NUEVOS ECOSISTEMAS

De funciones jerárquicas a equipos de proyectos

Revisemos ahora en donde estamos hoy y cuáles son las transformaciones que están ocurriendo dentro de las organizaciones para entender el camino que estamos recorriendo hacia el futuro, que son los nuevos ecosistemas.

En mi primer libro, El trabajo en la postmodernidad, publicado en el 2013, ya hablábamos del concepto de la mutación de la jerarquía tradicional hacia un modelo de jerarquía de redes.

En estos años, el desarrollo cultural y social de las generaciones millennial y centennial ha agudizado la licuación del tradicional poder jerárquico dentro del mundo organizacional. Lo que en el pasado se realizaba a partir de una instrucción o una orden que provenía desde un nivel jerárquico superior, hoy carece de significancia y efecto. En otras palabras, la existencia de niveles dentro de una organización ya no garantiza que las decisiones fluyan simplemente por esa estructura jerárquica o porque un superior las emane.

En el contexto actual, el rol del jefe o supervisor ha experimentado un cambio significativo. Ya no se ubica por encima del equipo, sino que se encuentra al mismo nivel, interactuando de manera similar a los demás miembros del equipo. Para obtener resultados dentro del equipo, el jefe o supervisor debe poseer una gran capacidad de influencia. La autoridad ya no es suficiente para dirigir y guiar a los miembros del equipo, quienes valoran más la colaboración, el respeto mutuo y la participación en la toma de decisiones.

Las organizaciones digitales se han dado cuenta de que la ineficacia de la jerarquía tradicional requiere un modelo de organización diferente. Este nuevo enfoque se caracteriza por tener muchos menos niveles jerárquicos y por priorizar la concepción de equipos múltiples en lugar de la organización basada en funciones y niveles que ha quedado obsoleta.

Las organizaciones tradicionales también están buscando adaptarse a las nuevas tendencias y adoptar estructuras más planas y ágiles. Al igual que las organizaciones digitales, reconocen que la eficiencia y la capacidad de respuesta mejoran al implementar equipos multifuncionales que trabajan en base a objetivos de proyectos específicos, en lugar de mantenerse enfocados en procesos o funciones específicas

Nueva perspectiva de trabajo

Esto cobra muchísima más relevancia cuando pensamos que en **los nuevos ecosistemas**, los equipos no van a estar compuestos sólo con personas de la propia organización sino con otras de afuera, que aportarán las habilidades que probablemente la propia organización no tenga. Así pues, esta concepción de **equipos múltiples, orientados a proyectos específicos** hace que las organizaciones se piensen desde una perspectiva distinta, en donde quienes dirigen el más alto nivel estarán focalizados casi estrictamente en la estrategia, y luego el resto de la organización se armará a partir de un rompecabezas de equipos enfocados a proyectos con personas de adentro y de afuera, creando **células**

múltiples, enfocadas en objetivos específicos. Esto funcionará en paralelo a los procesos transaccionales administrativos y rutinarios que probablemente estén siendo ejecutados desde centros de servicios compartidos, propios o externos a la organización. En muchos casos esos centros de servicios proveerán los mismos a muchas organizaciones.

Tal como menciona Mercer en el informe Tendencias Globales de Talento 2020 "El 77% de los ejecutivos consideran que los trabajadores "gig"e independientes reemplazarán sustancialmente a los empleados de tiempo completo en los próximos cinco años."

En definitiva, estamos hablando de 3 organismos dentro de la organización.

El primero, el liderazgo estratégico que probablemente se conserve dentro de la propia organización;

El segundo, equipos múltiples enfocados en proyectos con gente interna y externa,

Y el tercero, los servicios centralizados transaccionales, que podrán ser realizados internamente de manera autónoma o tercerizados en especialistas que tengan mayores escalas y mejores costos.

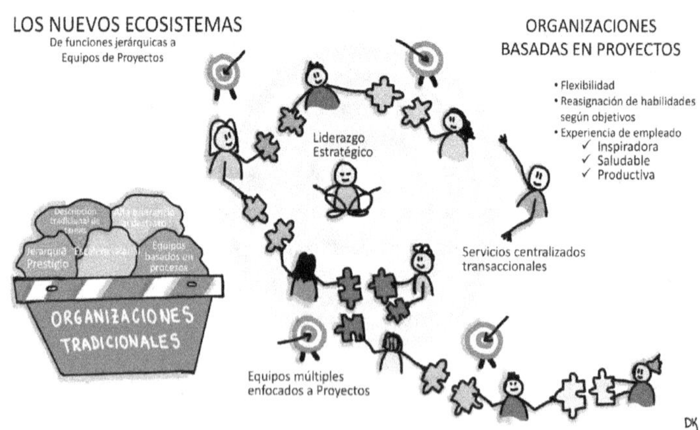

De descripciones de puestos a asignaciones de tareas

Con este nuevo paradigma, los puestos y sus descripciones tradicionales no solo generan un encorsetamiento de las personas, sino también le dan una rigidez a la polivalencia que hoy en día se necesita. Es decir, en lugar de seguir aferrados a la noción tradicional de "puestos de trabajo", las organizaciones del futuro están evolucionando hacia una dinámica más flexible y adaptativa. Se está gestando un cambio hacia un enfoque donde **múltiples equipos externos e internos interactúan de manera coordinada, enfocados en proyectos y objetivos específicos**.

Este concepto del "puesto" como tradicionalmente lo conocemos es una idea que tiende a desaparecer simplemente porque ya no existirán puestos, sino tareas para cumplir dentro de un equipo o dentro de un proyecto.

Esto no quiere decir que no se requieran habilidades profesionales específicas, sino que esas habilidades se utilizarán en múltiples proyectos de distintas áreas de la compañía, enfocadas en objetivos claros en lugar de actividades rutinariamente similares y bajo un marco de actuación.

En el mundo del ecosistema laboral, los proyectos y objetivos de los equipos son los que tienen el control de los procesos. Los puestos se definen a partir de asignaciones de tareas que cambian con cada nuevo proyecto.

Es relevante mencionar que no solo se trata de "equipos ágiles", aunque esto es todo un capítulo en sí mismo y una de las tantas metodologías que pueden existir para organizar equipos. Desde una perspectiva macro, lo importante es entender que los equipos entrelazados en redes serán los pilares de las organizaciones, con personas internas y externas que se pueden organizar de diversas maneras, pero que, sin duda, deben combinar flexibilidad y reasignación de habilidades según los objetivos.

Esta nueva forma de organización no solo brinda a la compañía una mayor eficiencia en la obtención y asignación de recursos, sino que también ofrece una experiencia más dinámica y atractiva a los profesionales y trabajadores. **La inclusión de una diversidad de interacciones en los equipos y proyectos supera las limitaciones de los puestos de trabajo tradicionales**.

De roles con dueños, a un mercado interno y externo abierto

Los puestos que otorgaban roles dentro de la organización empiezan a perder su relevancia y necesidad. Los antiguos puestos con dueños específicos, que se construían con años de experiencia, ahora mutan hacia roles puntuales en equipos enfocados en proyectos.

Aunque aún podemos necesitar especialistas para temas específicos, incluso ellos no estarán asignados a una misma tarea todo el tiempo. Participarán en proyectos múltiples donde agregarán valor de diversas maneras. La dinámica de asignar puestos por parte de la organización está desapareciendo. La propia voluntad del empleado de auto nominarse y proponerse para múltiples proyectos reemplazará la decisión unívoca de la compañía.

En este futuro cercano, **los proyectos serán los atractivos -o no-** para las personas, generando un mercado interno y externo de oferta y demanda. Cuando tengamos un objetivo, un proyecto y una tarea, el mercado laboral estará abierto tanto para los trabajadores internos como para los externos. Las organizaciones buscarán en primera instancia recursos dentro de sí mismas, pero si alguna habilidad puntual o necesidad no puede ser cubierta, el mercado externo estará disponible de forma permanente e instantánea. Contratar freelancers, asociados, startups o servicios tercerizados a través de plataformas digitales será una opción ágil y accesible a un simple clic para conseguir nuevos miembros del equipo

De pagos por niveles o experiencia, a pago por objetivos

Uno de los cambios fundamentales que traerá el nuevo modelo de ecosistemas es la transformación de los sistemas de pago en las compañías. Históricamente, las organizaciones se basaban para sus niveles profesionales en un esquema de tres niveles de remuneración: salario fijo, salario variable por objetivos anuales y para cargos más altos un sistema de incentivos a largo plazo relacionado con la creación de valor en un periodo determinado.

Sin embargo, este modelo tradicional está empezando a desaparecer porque estaba vinculado a pagos según niveles jerárquicos, basados en el reconocimiento del desempeño, la experiencia y los conocimientos, en relación con las necesidades de la organización y las condiciones del mercado laboral y salarial de cada país.

En el futuro de los ecosistemas, el concepto de pago por tareas específicas, experiencia o niveles carece de sentido. Lo que adquiere mayor relevancia es el pago vinculado al desempeño observable a través del cumplimiento de los objetivos de un proyecto en particular.

El éxito del proyecto, con sus indicadores previamente definidos, será el factor determinante del pago en el mundo que se aproxima. Es probable que el pago fijo evolucione hacia una remuneración mucho más enfocada en objetivos, y tanto los incentivos a largo plazo como el pago variable anual también se transformen en retribuciones a corto plazo, asociadas al éxito de proyectos específicos.

Esta nueva modalidad no implica necesariamente una reducción en la remuneración. En este modelo, donde las personas trabajarán en diferentes proyectos y equipos dentro de una misma organización, es probable que requieran **pagos asociados a cada uno de esos equipos**, y a largo plazo, posiblemente presten sus servicios en otros equipos también.

El modelo tradicional de un único y estructurado sistema de pago está evolucionando rápidamente con la llegada de los ecosistemas laborales, donde la participación en múltiples organizaciones y proyectos será lo habitual.

Una nueva experiencia para el empleado

En las páginas previas, hemos abordado el concepto de experiencia del empleado. Observamos cómo la propuesta de valor para las personas ha experimentado cambios significativos hacia una oferta de corto plazo. En la actualidad, tentar a alguien ya no implica ofrecer una carrera tradicional, puestos jerárquicos, planes de desarrollo, una progresión salarial o un prestigio social basado en su posición en la organización. Todo esto ha comenzado a perder valor para las nuevas generaciones, y ahora **debemos adaptarnos rápidamente para brindar algo atractivo en el presente y en plazos más reducidos**.

La nueva experiencia del empleado se centra en "cómo disfrutarás tu tiempo durante los próximos 2 años que estés con nosotros", en lugar de "qué beneficios te ofreceremos durante los próximos 10 años para que te quedes con nosotros".

Esta nueva experiencia del empleado se sostiene sobre tres pilares claves, a los que las organizaciones deben prestar atención si desean cultivar la tan deseada "milla extra" en el compromiso de sus empleados.

Los tres pilares de la nueva experiencia para el empleado:

1. **Inspiradora:** La experiencia que vamos a ofrecer en este modelo de ecosistemas, donde la gente entra y sale de varios proyectos desde el mundo externo o interno, hace que el anclaje a una cultura sea cada vez más difícil y requiere, sobre todas las cosas, que **ese "caos" de interacciones múltiples sea en cualquier caso inspirador**. Debemos plantearnos cómo en este modelo de sistemas

que se cruzan y entrecruzan, las personas pueden todavía inspirarse para poder colaborar, alinearse y sentirse motivadas con el propósito de la organización y del equipo.

En ese sentido, el rol del líder tradicional jerárquico irá mutando y su principal responsabilidad será conectar el propósito de la organización con el de los individuos, inspirando y motivando a los miembros de cada equipo no solo para alcanzar los objetivos de estos, sino también para que encuentren sentido en el trabajo que están realizando. Esta tarea puede ser desafiante, especialmente para quienes integran generaciones pasadas, donde la interacción estaba basada en equipos uniformes, presenciales y estructurados, enfocados en funciones y responsabilidades estáticas que en proyectos.

Al hablar de un ecosistema basado en proyectos, donde la gente entra y sale rápidamente, no debemos dejar de lado la continua necesidad de generar compromiso e inspiración en todos los miembros del equipo promoviendo la alineación entre propósito individual y colectivo. Aunque resulte más difícil debido a que los apalancamientos serán más temporales y efímeros que en el pasado, es importante que la experiencia que brindemos a cada uno de los colaboradores genere este alineamiento mencionado.

2. **Saludable:** En el libro "El trabajo en la postmodernidad" (Ed. 2013), desarrollé un capítulo referido a la importancia creciente del equilibrio físico, emocional y nutricional en el mundo del trabajo. Este concepto evolucionó aceleradamente y la necesidad de un balance entre vida personal y profesional se volvió prioritaria. La pandemia y sus impactos en la salud mental, como desarrollamos en capítulos previos, incremento esta necesidad.

La "salud laboral" incluye estos valores y adquiere aún más relevancia en la experiencia que buscan los empleados. **La interacción laboral demanda conexiones emocionales, personales y afectivas saludables tanto dentro como fuera del equipo**.

Previo a la pandemia, el mundo organizacional ya mostraba síntomas de agotamiento y estrés laboral, que desencadenaron altos niveles de depresión y desequilibrios emocionales debido a las relaciones laborales poco armoniosas. Lamentablemente, en algunos casos, esto llegaba al extremo de manifestarse en prácticas de mobbing y maltrato, originados a partir del abuso del poder jerárquico o de genero en muchos casos.

Los modelos de alta tolerancia al destrato y la presión laboral están desapareciendo y el liderazgo tradicional se enfrenta a nuevas exigencias y umbrales de frustración especialmente bajos en las generaciones más jóvenes.

Es importante reflexionar sobre la baja tolerancia a situaciones conflictivas en el entorno laboral y considerar que las generaciones previas podrían haber sido excesivamente permisivas frente a estas circunstancias. Estamos viviendo una revolución cultural acelerada donde ya no se aceptan las relaciones no saludables desde lo emocional, y se promueve la inclusión y la diversidad social en todos sus aspectos.

La nueva experiencia del empleado debe enfocarse en erradicar estas conductas nocivas y fomentar un ambiente laboral saludable y productivo. Los líderes juegan un papel fundamental al ser modelos de comportamiento y tener la posibilidad de promover una cultura organizacional basada en la igualdad, el respeto y el apoyo mutuo. Es esencial contar con mecanismos eficaces para detectar y abordar cualquier indicio de mobbing o maltrato desde sus primeras etapas, creando un entorno seguro y saludable para todos los trabajadores.

Impulsar una cultura de cuidado y bienestar emocional en el lugar de trabajo fortalecerá el compromiso de los empleados, potenciará su creatividad y productividad, y permitirá a las organizaciones atraer y retener el mejor talento en el competitivo mercado laboral actual. Es un camino hacia un futuro laboral más saludable y gratificante para todos.

3. **Productiva:** Este quizás sea uno de los mayores desafíos para los nuevos modelos de ecosistemas, ya que el modelo actual/anterior de grandes organizaciones integradas verticalmente, con fuertes inversiones en sistemas de gestión, garantiza niveles de productividad acordes a las necesidades de un tiempo pasado. Sin embargo, en el presente, nos enfrentamos a un cambio significativo en las demandas de clientes y consumidores, lo que requiere una adaptación acelerada por parte de las organizaciones para satisfacer esas nuevas necesidades. Las industrias tradicionales todavía están en proceso de transformación y aún no pueden vislumbrar claramente los niveles de productividad esperados a futuro versus los logrados en el presente.

Cuando la pandemia obligó a adoptar modelos como el home office o la contratación flexible de recursos, surgieron muchas dudas en la industria tradicional sobre el impacto de esas decisiones en la productividad. Por eso, **es vital establecer indicadores de medición de la productividad en el nuevo modelo de los ecosistemas** y comprender cómo podemos trabajar de manera más eficiente, cuantificando las mejoras para los accionistas. Necesitamos avanzar en estos modelos sabiendo que la flexibilidad y la agilidad son indispensables, pero también debemos contar con indicadores concretos que nos ayuden a entender si estamos alcanzando los objetivos de la manera óptima posible.

La productividad de estos equipos no solo se determina por el **costo** de los mismos, sino también por la **velocidad** en la consecución de los objetivos de negocio. Por tanto, es necesario enfocarnos en **la productividad en términos de tiempo, métodos y recursos utilizados para lograr los resultados esperados**.

Es un hecho que las compañías que ya trabajan en modelos de ecosistemas tienen mayores y mejores niveles de respuesta al mercado, procesos de innovación más corto y una mayor capacidad para integrarse con clientes y proveedores de manera dinámica. Sin embargo, es esencial tener bases de comparación sólidas en relación con los modelos previos y evaluar la evolución del nuevo que estamos transitando.

Para cerrar este capítulo, afirmamos que los nuevos ecosistemas del trabajo nos invitan a redefinir y reinventar la forma en la que concebimos el mundo laboral. La colaboración, la flexibilidad, la empatía y la inspiración se convierten en la clave para prosperar en esta nueva era. El futuro del trabajo es desafiante, pero también emocionante, y con una mentalidad abierta y adaptativa, estaremos preparados para enfrentar los nuevos desafíos y construir un camino hacia un entorno de trabajo más productivo y enriquecedor para todos.

EL ROL DEL NUEVO LÍDER DE LOS ECOSISTEMAS

Su principal responsabilidad será conectar el propósito de la organización con el de los individuos, inspirando y motivando a los miembros de cada equipo.

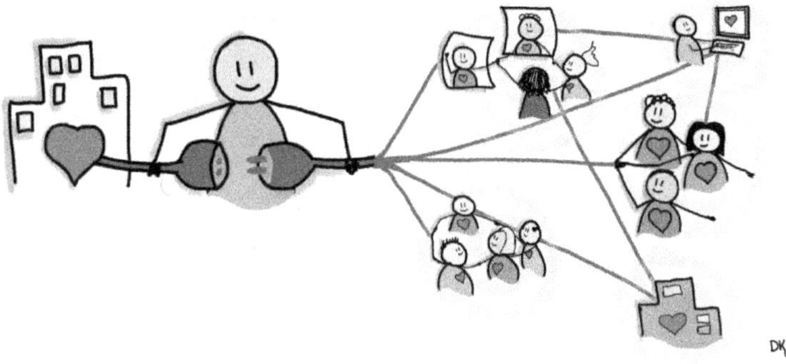

LAS COMPETENCIAS REQUERIDAS EN LOS ECOSISTEMAS

CAPÍTULO 8

LAS COMPETENCIAS REQUERIDAS EN LOS ECOSISTEMAS

> *Según "El origen de las especies" de Darwin, no es la especie más inteligente la que sobrevive; no es la más fuerte la que sobrevive; sino que es la que mejor puede adaptarse y ajustarse al ambiente cambiante en el que se encuentra.*
>
> Leon C. Megginson, 1963

Nos pareció apropiado exponer el manifiesto del Profesor León C. Megginson, de la Universidad de Luisiana 1952-1977; inspirado en las teorías de Darwin; para abordar este capítulo, que justamente trata sobre las habilidades que necesitaremos desarrollar para desarrollarnos en los nuevos ecosistemas que se están gestando.

En este contexto, surge una pregunta de vital importancia: ¿Cómo podemos liberar nuestro potencial en estos nuevos ecosistemas y construir un futuro en el cual nuestra productividad genere un impacto positivo en nuestras vidas, entorno y sociedad?

Es evidente que las competencias que hemos cultivado hasta este momento no resultarán suficientes para prosperar en los cambiantes entornos laborales. El tradicional paradigma en el cual todos formamos parte de una misma empresa, compartimos un espacio físico y operamos bajo políticas y prácticas uniformes arraigadas en una cultura homogénea, ha quedado en el pasado. Por consiguiente, se torna imperativo actualizar nuestras habilidades de interacción, especialmente para aquellos que lideran equipos. La necesidad de adaptarnos se convierte en una prioridad ineludible.

LA RESIGNIFICACIÓN DEL PROPÓSITO

En este nuevo mundo laboral, como ya vimos, la forma de trabajar ha sufrido un cambio radical. La interacción virtual, la distribución geográfica de los equipos y la disminución del control físico han dado lugar a una nueva era en la que las personas en muchos casos trabajan para más de un empleador. En este contexto, el propósito se convierte en un elemento clave y adquiere una relevancia sin precedentes.

En los nuevos ecosistemas laborales, **el propósito actúa como el eje invisible** que alinea a las personas detrás de un objetivo común que trasciende los intereses particulares de un negocio o un equipo. **Es un poderoso motor que conecta a las personas a través de compromisos emocionales, generando un sentido de pertenencia y motivación compartida**.

En este mundo laboral en constante cambio y diversificación, el propósito se vuelve aún más esencial para conseguir los objetivos a largo plazo. Al carecer de modelos integradores tradicionales, donde una única cultura y prácticas compartidas facilitaban el alineamiento a los objetivos, **el propósito se convierte en la variable más importante para lograr metas**.

Es el "para qué estamos trabajando" lo que impulsa un compromiso genuino y la voluntad de invertir la cantidad de tiempo y esfuerzo necesarios en un determinado proyecto. **Aquellas organizaciones que cuenten con un propósito claro y significativo**

tendrán una ventaja competitiva en este entorno cada vez más complejo y diverso.

Asimismo, establecer un propósito claro y alinear al equipo en torno a él se convierte en una tarea esencial en este futuro, que ya es presente. Los líderes desempeñan un papel fundamental en este proceso, no solo desde la perspectiva de concretar un propósito, sino también en la gestión activa para comprometer a un equipo diverso, distribuido y con dificultades de interconexión emocional.

Ahora bien; ¿qué entendemos por propósito?

Un propósito de vida es una razón profunda y significativa que guía acciones personales y decisiones, dando un sentido de dirección y significado a lo que cada uno hace. Puede ser un objetivo personal, un valor fundamental o una misión que inspire a crecer y contribuir de manera positiva a la vida y al mundo que nos rodea.

Identificar el propósito individual es un proceso introspectivo que nos ayudara también a la hora construir nuestro desarrollo laboral. Presentamos algunas acciones que permiten dar luz a este descubrimiento.

- Reflexionar sobre las pasiones propias: Pensar en las actividades que nos hacen sentir más vivo y emocionados. ¿Qué nos gusta hacer en nuestro tiempo libre? ¿En qué áreas nos sentimos más comprometidos?

- Tener presente nuestras fortalezas: Evalúar nuestras habilidades, talentos y cualidades naturales. ¿En qué actividades nos destacamos? ¿Qué elogios recibimos de los demás?

- Pensar en nuestro impacto deseado: Imaginar cómo nos gustaría influir en nuestra vida y en la de los demás. ¿Qué tipo de huella nos gustaría dejar? ¿Cómo nos gustaría que las personas nos recuerden?

- Reconocer nuestros valores: Identifica los valores que son más importantes para nosotros. ¿Qué principios guían nuestras decisiones?

- Encontrar patrones en nuestras experiencias: Reflexionar sobre momentos en los que nos sentimos más satisfechos y realizados. ¿Hay algún tema común entre esas situaciones?

- Buscar inspiración: Investigar sobre personas que admiramos y que han logrado alinear sus acciones con un propósito claro. Esto podría proporcionar ideas sobre nuestras propias aspiraciones.

- Experimentar y ajustar: No tener miedo a probar cosas nuevas. A medida que nos involucramos en diferentes actividades, podemos descubrir lo que mas nos motiva. Y mientras experimentamos podemos ajustar, modificar o cambiar sin miedo.

Identificar un propósito de vida lleva tiempo y es un proceso en constante evolución. Tener la mente abierta facilita el proceso de búsqueda.

En este nuevo ecosistema laboral, la figura del líder asume un papel fundamental. Deja de ser el "jefe concentrador" para convertirse en un articulador y facilitador de personas en diferentes ubicaciones geográficas. Su tarea primordial es inspirar a los equipos, coordinar actividades y compartir conocimientos para mantener la coherencia entre los propósitos individuales y el propósito organizacional.

En este contexto, la redarquía emerge como un cambio trascendental. La jerarquía tradicional se disuelve y el poder se descentraliza, transfiriéndose a los nodos de interacción entre los miembros del equipo. Aquí, el líder desempeña una función crucial al fomentar relaciones productivas y armoniosas, sosteniendo una red eficiente de interacciones.

En estos nodos de interacción, el conocimiento se convierte en un recurso vital. Las consultas y el intercambio de conocimientos entre los miembros del equipo reemplazan la dependencia tradicional del líder. La humildad y la creatividad se vuelven imprescindibles en este nuevo paradigma.

Como indica el investigador y autor español; José Cabrera, "la redarquía les dará la capacidad de innovar y adaptarse". Este enfoque en red y conectividad funciona con agilidad, liberando a las organizaciones de las estructuras jerárquicas y la burocracia. El líder, en este entorno, estimula la iniciativa y colaboración de las personas que integran la organización.

El líder también desempeña un papel crucial al liderar equipos con propósito. Inspirar a los miembros para que se conecten con una meta compartida es esencial. Comunicar una visión clara, alinear con valores, fomentar la autonomía y proporcionar retroalimentación significativa son enfoques clave. Mostrar empatía, inspirar con el ejemplo y adaptarse también son esenciales.

Para conceptualizar con más precisión las necesidades que este nuevo mundo de los ecosistemas requerirá, me parece importante presentar con simpleza tres competencias claves para sobrevivir en este entorno y tres habilidades fundamentales para este nuevo modelo de trabajo. Podríamos encontrar decenas de habilidades y competencias en investigaciones, textos o libros sobre los nuevos entornos organizacionales, pero prefiero focalizarme en las que creo que serán realmente claves por los motivos que expreso a continuación.

Ese "para qué" estamos trabajando será el factor traccionador más importante para generar COMPROMISO

DK

COMPETENCIAS PARA EL NUEVO MUNDO LABORAL

Resiliencia

La resiliencia es una competencia crucial en el nuevo mundo laboral, caracterizado por ecosistemas cambiantes y complejos. En esta era frágil, de ansiedad, no lineal e incomprensible, se presentan grandes desafíos y efectos colaterales si no se evoluciona en los modelos de trabajo actuales.

Para comprender mejor esta competencia, es necesario analizar algunas dualidades que se hacen tangibles en este proceso de transición:

Autonomía y soledad: La mayor autonomía en el trabajo puede conducir a un sentido de soledad debido a una menor interacción cara a cara.

Flexibilidad y caos: Los nuevos modelos de trabajo ofrecen mayor flexibilidad, pero si no se gestionan adecuadamente, pueden generar caos y desorganización.

Interacción híbrida y distribuida: La colaboración entre diferentes actores en ecosistemas distribuidos puede resultar en confusión y problemas de alineamiento, dificultando la coordinación efectiva.

Multiplicidad de actores y conflictos culturales: La diversidad de actores en un ecosistema puede dar lugar a conflictos culturales y desafíos en la gestión de perspectivas y valores diferentes.

Frustración y obstáculos: La capacidad de lidiar con la frustración y superar obstáculos es esencial para alcanzar el éxito en este nuevo mundo. Aquellos que desarrollen habilidades de resiliencia podrán avanzar y ayudar a sus equipos a hacer lo mismo.

Integrar las dualidades y poder no solo admitirlas, sino superarlas será clave para poder crecer en este nuevo mundo.

En este contexto, surgen diversas complejidades como la soledad, el caos, la ansiedad, la desorientación y el aburrimiento, que generan altos niveles de frustración. En el mercado laboral actual, las nuevas generaciones, incluyendo a los centennials, muestran menor tolerancia a la frustración, a pesar de contar con un liderazgo más distante y mayor interacción en redes.

Según la psicóloga María Jesús Álava, la frustración tiene mala prensa, incómoda y molesta, la especialista española hace énfasis en la importancia de aprender a lidiar con esta emoción desde chicos y sobre todo a quitarle impronta negativa con la que se la suele relacionar.

Elegida dentro del ránking de las Top 100 Mujeres Líderes de España en 2012, 2017 y 2020, María Jesús Álava, realza las virtudes que promueve la frustración y dice "esta emoción nos hace más humanos e inteligentes".

Resignificar la frustración y que se transforme en una oportunidad. "Capitalizar lo ocurrido y generar herramientas de por vida que ayuden a su desempeño futuro y sobre todo, permita atravesar los obstáculos cotidianos con éxito." declara Avala.

En los actuales ecosistemas laborales, liderar equipos plantea un desafío considerable: abordar la fragilidad emocional que surge en respuesta a las dificultades y la frustración. Esta fragilidad puede actuar como un motor impulsor o como un factor paralizante en la dinámica del colaborador. Aquí es donde entra en juego el papel esencial del líder.

El líder en este contexto debe desarrollar habilidades emocionales y de afrontamiento sólidas para guiar a su equipo de manera efectiva. La capacidad de comprender y gestionar las emociones, tanto propias como de los demás, se convierte en un recurso crucial. La empatía, que implica una comprensión genuina de las experiencias y sentimientos de los colaboradores, ayuda a crear un entorno de apoyo y confianza.

La paciencia, otra habilidad esencial, se convierte en un componente vital del liderazgo en este escenario. Reconociendo que cada individuo reacciona de manera única a la frustración y las dificultades, el líder debe adoptar una actitud tolerante y paciente. Esta actitud no solo permite a los colaboradores manejar sus desafíos, sino que también promueve un sentido de seguridad y apertura en el equipo.

En resumen, el líder que enfrenta la fragilidad emocional que surge ante las dificultades y la frustración se convierte en un verdadero catalizador del potencial del equipo. Al desarrollar habilidades emocionales, fomentar la empatía y cultivar la paciencia, este líder crea un entorno que no solo enfrenta los retos con determinación, sino que también apoya el crecimiento y el bienestar de cada miembro del equipo

Para abordar la alta rotación entre los jóvenes profesionales, es esencial identificar y abordar los puntos de frustración, comprendiendo sus causas y aplicando estrategias para un desarrollo sostenible a nivel individual y organizacional. La rápida rotación se debe en parte a la disminución de la tolerancia a la frustración.

La negación nos impide enfrentar los problemas, por lo que es fundamental cambiar la perspectiva y utilizar la frustración como trampolín hacia la oportunidad y el crecimiento

La carencia invita a la creatividad

Es esencial diferenciar entre el "drama" y el "melodrama". La resiliencia implica enfrentar activamente los obstáculos y cumplir los deseos, mientras que el melodrama consiste en eludir los problemas y sumirse en el sufrimiento. En este nuevo mundo del trabajo, la noción de éxito está cambiando: ya no se basa solo en logros materiales y posiciones relevantes, sino que está vinculada a la búsqueda colectiva de disfrute y satisfacción personal.

La resiliencia se convierte así en una habilidad esencial para superar los desafíos y mantenerse "entero" en este entorno complejo y cambiante. Aquellos que logren atravesar la complejidad y sobreponerse tendrán mayores oportunidades de éxito personal y profesional, en un mundo con objetivos menos claros, más interacciones y demandas cambiantes. La búsqueda incesante de felicidad y satisfacción puede traer desencanto para muchos, lo que resalta aún más la importancia de la resiliencia para esta generación.

En conclusión, la resiliencia se erige como una competencia fundamental en el nuevo ecosistema laboral, permitiendo a las personas adaptarse, superar la frustración y enfrentar los desafíos con una actitud proactiva. Desarrollar esta habilidad será esencial para alcanzar el crecimiento personal en un entorno laboral en constante cambio y complejidad.

Tolerancia

Esta competencia podría estar directamente ligada a la anterior si la enfocásemos hacia la tolerancia a la dificultad de sostener la complejidad o el fracaso. Pero no. Haremos alusión a la tolerancia en un sentido mas amplio y superador.

La tolerancia es una capacidad qué implica reconocer, entender y respetar al otro, más allá de donde provenga, de sus hábitos, sus costumbres, sus características personales y su autodefinición como persona.

La tolerancia será un lubricante esencial en el mundo de los ecosistemas en donde la diversidad de participantes en una organización o en un equipo se multiplicará por 1000 porque, recordemos, las personas ya no estarán en una misma compañía, bajo una misma cultura, bajo un mismo sistema de valores laborales, sino que provendrán de fuentes diversas, de expectativas diferentes e inclusive formas de trabajar múltiples.

Por lo tanto, la tolerancia a las diferencias y a la ambigüedad será esencial para poder relacionarse y formar parte de un equipo en una organización. Es la savia central para avanzar en un camino de real inclusión.

Creo que en el mundo de las organizaciones hemos encorsetado demasiado los problemas de diversidad. Por supuesto que ha sido esencial respetar, proteger e impulsar a las minorías, -y debemos seguir haciéndolo-, pero hay un factor mucho más abarcador e importante: el respeto mutuo a las ideas diversas.

Vivimos en un mundo conflictivo y polarizado con posiciones diferentes, con políticas económicas y sociales muchas veces antagónicas, utilizadas para llevar adelante ideales políticos o simplemente objetivos más básicos. Ese antagonismo ha impregnado a todas las instituciones del mundo, incluidas las empresariales.

Es absolutamente relevante que no sólo los líderes sociales y políticos abracen la idea de la tolerancia para poder gestionar, sino que también los líderes de las organizaciones hagan de la tolerancia un culto para que las diferencias de cualquier tipo sean escuchadas, respetadas, abrazadas y conducidas de la mejor manera posible. Aquellos que piensen diferente, o tengan una posición disímil a la mayoría no pueden ser excluidos o no representados.

Muchas de las patologías que observamos en el mundo del trabajo están relacionadas con aspectos emocionales que, muy probablemente, estén originadas fuera del propio trabajo, pero que en un contexto de intolerancia a las diferencias se acrecientan exponencialmente y se agravan.

El concepto de tolerancia tiene que abrazar a las organizaciones, a sus líderes y colaboradores de la manera más rápida y efectiva posible para poder convivir en un mundo con diferencias de opinión, de autopercepción o de criterios

Cuando hablamos de respetar o de crear una experiencia para los colaboradores cada vez más individual, también estamos hablando de tolerar las diferencias, la individualidad y los deseos específicos que tienen hoy las múltiples culturas y tribus que conviven en una organización.

Humildad

Sé humilde. No sumiso.

La palabra humilde tiene su origen en la palabra "humus" que significa tierra. Ser humilde es tener los pies en la tierra y esto implica reconocer fortalezas y áreas de oportunidad. Recuerda: Ser humilde te engrandece, ser sumiso te minimiza.

Quizás parezca primitivo incluir en esta lista la definición de humildad, pero no lo es.

La humildad es la madre de muchos otros comportamientos observados en el mundo organizacional y, en contrapartida, la soberbia o el egocentrismo es también el obstructor del funcionamiento de equipos y organizaciones.

¿Qué hay detrás de la humildad como concepto central de competencia?

Creo que aquel modelo pasado, construido a partir de un mundo laboral jerarquizado, de carrera, de posicionamiento social, de alguna manera **alimentaba un mandato individualista y egocéntrico que impulsaba la competencia para llegar más rápido y mejor a una soñada cima idealizada**. Este no es un juicio de valor. Es simplemente, una descripción.

El pasado premiaba a quien hacía mucho y lo mostraba. Esta idea de "vos tenés que hacer, pero también contarlo y comunicarlo" tenía por detrás la noción de que exhibir tenía el mismo peso que hacer. Como vimos en ***El trabajo en la postmodernidad***, muchas personas se convertían en personajes autoconstruidos por sus relatos, más allá de su conocimiento o posicionamiento en la organización. También implicaba que estos personajes -y adrede no uso la palabra personas- fueran infalibles; que el error tuviese que ser ocultado, que la equivocación y el fracaso fueran una mala palabra.

El liderazgo auténtico, actualmente el más efectivo para gestionar equipos diversos y múltiples, se basa sobre todas las cosas en la posibilidad de que los líderes-personajes se conviertan en personas falibles, un elemento más en esa redarquía para facilitar el trabajo de otros.

Aquella infalibilidad se transforma hoy en la aceptación del error, el propio y el de los otros. La capacidad de aceptar la equivocación -inclusive poder reírse de uno mismo- requiere ante todo de un profundo sentido de la humildad.

Mucho hablamos en la actualidad de la necesidad de desaprender para aprender lo nuevo. Ese proceso de reaprendizaje requiere ante todas las cosas de una profunda introspección, de humildad para reconocer que todo lo que sabía ya no sirve, que todo lo que incorporamos durante décadas no es útil, que la lógica que aplicaba al liderazgo ya no aplica.

Solo cuando logramos conectar con nuestro ser más íntimo en profunda humildad, y reconocer que ya no sirve lo que sabíamos, estamos listos para aprender nuevos intereses, valores, necesidades y visiones sobre el mundo y sobre el trabajo. No hay forma de conectar con el nuevo mundo de las personas -ya sean clientes, consumidores o trabajadores- si no existe una perspectiva de profunda humildad para entender y aceptar lo diferente.

La práctica nos está demostrando que muchos conceptos que teníamos como verdades reveladas - trabajar en la oficina toda la semana, no cambiar de trabajo, liderar en jerarquía, etc. - se transformaron en algo distinto.

Insistir en los códigos del pasado no sólo es una gran muestra de soberbia, sino una profunda incapacidad para esa auto transformación que nos permitirá maniobrar el futuro. Quienes pertenecemos a otras generaciones requerimos de un profundo baño de humildad para entender que, muy probablemente, los jóvenes que reportan a nosotros, los que integran nuestros equipos saben muchísimo más que nosotros de ciertos temas y que, por sobre todas las cosas, comprenden mucho mejor a nuestros clientes y consumidores.

En algún sentido, eso nos confunde porque altera el orden lógico de la vida. Cuando hablamos de jóvenes, hablamos de gente similar a nuestros hijos, y se requiere de humildad inclusive como padre para poder aceptar que nuestros hijos en muchos casos entienden mucho mejor el mundo que vivimos.

La capacidad y velocidad de adaptación de las organizaciones estará dada en gran medida por su humildad para desaprender y aprender lo diferente, para aceptar que muchas de las cosas que hacíamos ya no les sirven a nuestros clientes y consumidores porque ya no piensan como pensaban. Ni siquiera piensan como pensamos nosotros. Todos estos fenómenos sociales contraculturales sólo pueden ser abordados desde la humildad de una organización y de quienes la integran.

COMPETENCIAS DEL NUEVO MUNDO

HABILIDADES PROFESIONALES PARA LOS NUEVOS ECOSISTEMAS

Las competencias como vimos son aspectos más profundos para trabajar en el nuevo mundo laboral pero también es importante señalar desde una perspectiva más practica que habilidades deberán tener los nuevos líderes, es decir que habilidades concretas para entender los cambios, y flexibilidad para encarar tareas diversas que conllevan los nuevos ecosistemas:

Manejo de mundo híbrido: Los nuevos líderes deberán convivir con el mundo híbrido de manera acelerada, poniendo en juego su capacidad para integrar equipos y gestionar, atendiendo necesidades del mundo virtual y del presencial, alineando un propósito único y objetivos comunes. Esta integración será uno de los mayores desafíos para las habilidades profesionales del futuro.

Expectativas de flexibilidad: Hay una necesidad creciente de mayor flexibilidad en el mundo del trabajo, y en la vida en general. Una de las habilidades fundamentales será cómo dar respuesta a esos mayores niveles de flexibilidad, sin perder la alineación a los objetivos planteados.

Los sistemas tradicionales de gestión de equipos; la evaluación del potencial de desempeño, de objetivos; los controles de gestión y de presupuestos, entre otros, colisionan con esa mayor necesidad de flexibilidad. La agilidad de los líderes para readaptar estas metodologías continuando con las mediciones del desempeño del negocio y de los equipos -pero también brindando flexibilidad- será esencial para que las nuevas demandas no colisionen con los viejos modelos

El desempeño virtual: Otro de los temas cruciales será cómo los líderes, los equipos y las organizaciones podremos medir los desempeños individuales y colectivos. La imposibilidad de tener a todo el mundo en un mismo lugar físico, e inclusive de tener dentro de los equipos a trabajadores que ni siquiera son parte permanente de la organización, nos obligarán a entender de manera diferente los desempeños.

Es un hecho que aquellos viejos sistemas de evaluación de desempeño con rankings, con categorías específicas para medir, con evaluaciones de potencial difíciles de comprender, van quedando en desuso. Salir de aquellos modelos de control requiere de muchísimas más habilidades por parte de todos, tanto de los líderes como de los miembros de los equipos.

¿Cómo lograremos traducir el feedback permanente al que nos hemos acostumbrado, a herramientas de gestión objetivas, que se apoyen no sólo en el reconocimiento moral sino también en el económico?

Estamos yendo a un mundo en donde el sistema de pago variable estará cada vez más enfocado en los resultados de los equipos, y no ya de individuos.

El desempeño de esos equipos debe tener indicadores concretos de gestión que puedan ser entendidos por todos, pero también será necesario que el impacto individual en esos resultados colectivos también sea entendido y reconocido con claridad.

Vamos a un mundo de mayor colectividad, de mayor colaboración para lograr objetivos. Los líderes deberán entrenarse para percibir, explicar y dar feedback concreto sobre los desempeños individuales y colectivos.

En lugar de pensar en sistemas de control, debemos pensar en un enriquecimiento del feedback y de la comunicación entre las personas, para ayudar a construir interacciones positivas que alineen objetivos y resultados.

Creación de cultura: Hemos hablado de la dificultad de crear sistemas de valores conjuntos en los ecosistemas diversos y dispersos. Crear cultura en ese contexto será muchísimo más complejo. La manera de representar el propósito y la cultura de la organización tendrá un estilo mucho más inalámbrico, etéreo, despojado, pero más esencial que nunca.

La cultura se va a construir en pequeñas dosis durante la interacción diaria de los equipos virtuales y distribuidos.

No habrá tiempo para grandes discursos. Las pequeñas acciones del día a día serán la oportunidad para moldear la cultura deseada. Por eso es tan importante pensar y diseñar los espacios presenciales de ese mundo freelancer, para que con alguna frecuencia y rigurosidad se produzcan pequeños momentos culturales que generen códigos comunes y funcionamiento que se palpiten en la virtualidad. El manejo de esos espacios presenciales colectivos será fundamental ya que serán escasos, esporádicos y deberán generar huella en los colaboradores.

Empatía y soporte emocional: Si bien ya repasé esta idea, quiero incluirla entre las habilidades profesionales porque será un trabajo cotidiano, destinado a soportar emocionalmente a los colaboradores.

Entender escuchar y ponerse en el lugar del otro es una habilidad casi intrínseca del funcionamiento del mundo que estamos vislumbrando. Ante la diversidad de opiniones, de necesidades, de inconvenientes y de fragilidades la posibilidad de escuchar al otro, entenderlo, descifrarlo y acompañarlo con respuestas concretas será esencial.

Mucha de la gente que trabajó presencialmente en la pandemia sufrió miedo, incertidumbre y angustia. Los que lo hicieron virtualmente, sintieron ansiedad, soledad y en muchos casos, depresión. Durante los años de Covid 19, los líderes necesitaron escuchar, entender y ayudar de una manera nunca antes vista. Esa comprensión y contención penetró en las organizaciones, y hoy, con la pandemia atrás, la gente lo demanda a sus líderes de manera creciente.

Como dijimos, estamos aconteciendo a una cantidad de problemas psico laborales como el *burnout*, la depresión, la ansiedad, producto de la interacción en un mundo cada vez más frágil e incierto. Tanto las organizaciones como sus líderes deberemos entender a los otros para contener y generar modelos de trabajo adecuados para que estas patologías puedan ser atenuadas. Para ello, habrá que instalar **el ejercicio diario de la escucha, el entendimiento. el acercamiento y las respuestas**.

En síntesis, nos acercamos a un mundo de muchísima mayor complejidad que introducirá transformaciones en el negocio y que creará problemáticas humanas que deberán ser entendidas y atendidas por las organizaciones y sus líderes.

Necesitamos preparar a nuestra gente en estas nuevas competencias, no ya para no fracasar en el negocio, sino para **construir modelos de salud laboral aceptables** para esas nuevas generaciones que no están dispuestas a aceptar un quiebre emocional en sus vidas producto de la interacción con el mundo del trabajo.

HABILIDADES PROFESIONALES PARA LOS NUEVOS ECOSISTEMAS
CENTRALIDAD DE LAS NECESIDADES DE LA GENTE

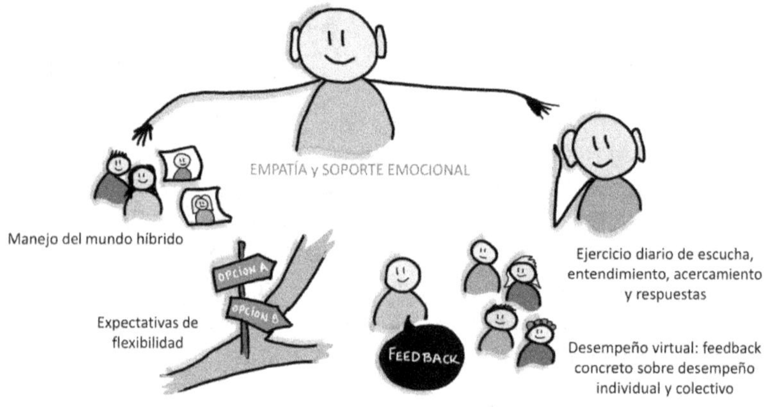

EL FUTURO DE CAPITAL HUMANO EN LOS NUEVOS ECOSISTEMAS

CAPÍTULO 9

EL FUTURO DE CAPITAL HUMANO EN LOS NUEVOS ECOSISTEMAS

Quienes trabajamos con verdaderos conglomerados de personas, nos enfrentamos a un enorme desafío. Ya sea en Instituciones educativas, gubernamentales, públicas, privadas, con fines de lucro o sin ello; pequeñas, medianas o grandes empresas todos nos preguntamos hoy - o deberíamos- cómo hacer para que la gente que necesitamos para llevar adelante nuestros objetivos, trabaje con nosotros de una manera aceptable para sus propias vidas.

Por eso, en este capítulo final y tal vez como un apéndice, me gustaría compartir cómo debería ser la evolución del área de Recursos Humanos para acompañar a las organizaciones en este escenario complejo que venimos describiendo.

Cómo debería ser el área para anticipar las tendencias del mercado, de los clientes y de los consumidores y cómo debería adaptarse a la realidad que el negocio exige conservando su rol esencial: desafiar el *status quo* de las organizaciones de manera permanente y creativa para ayudarlas a transformarse.

Antes de ingresar al rediseño de la función del área, me gustaría repasar el punto de inflexión que representó la pandemia en para quienes trabajamos en Capital Humano.

Ya hemos descrito en capítulos anteriores las fases de la pandemia y las respuestas que dieron las organizaciones. En todas ellas, Capital Humano ha tenido un papel preponderante, y su punto de inflexión tuvo que ver con la capacidad de reacción ante impactos emocionales, psicológicos, de cohesión social y culturales en las dinámicas del trabajo.

Como dijimos, la pandemia de Covid 19 fue sorpresiva y se desarrolló en tiempos muy cortos. Las compañías se vieron ante el tremendo desafío de atender dos frentes concretos: el de la gente que por ser "actividad esencial" necesitaba seguir asistiendo a su lugar de trabajo, y el de quienes podían prestar tareas desde sus hogares.

Ambos desafíos presentaron grandes dificultades.

A las personas que continuaban sus tareas presencialmente, hubo que generarles un marco de protección para su salud en tiempos récord. Dichos marcos, que en muchos casos no eran ni suficientes ni totalmente confiables, se extendieron a lo largo del tiempo a través de modelos de distanciamiento, de protección física y de protocolos de seguridad que de alguna manera mitigaron los riesgos inherentes a la pandemia. No obstante, **dejaron un signo profundo de miedo e incertidumbre** y en muchos casos una creciente conflictividad para las compañías que no daban respuesta en tiempo y forma.

En el caso de la gente que tenía que trabajar desde sus hogares, se requirió la implementación de sistemas de trabajo desde el punto de vista tecnológico y metodológico para el cual las compañías no estaban preparadas. Se establecieron modelos de trabajo virtuales, con protocolos de funcionamiento que, a la luz de los hechos, funcionaron correctamente **más allá de los impactos**

emocionales individuales que surgieron a partir del trabajo aislado en un momento de creciente incertidumbre.

De todas maneras, la mayoría de las compañías e instituciones, a la luz de las decisiones estatales, pudieron activar mecanismos de trabajo virtual productivos y eficaces que luego se extendieron a lo largo del tiempo y que de alguna manera generaron una aceleración del modelo de trabajo virtual previo que, como ya vimos, se consolidó.

Lo cierto es que se requirió de una importante velocidad de reacción para poder gestionar estos dos nuevos mundos de una manera armónica y garantizar la seguridad y salud de los empleados.

Uno de los desafíos más grandes que enfrentó el área de Capital Humano fue **el de mantener la cohesión social** dentro de las organizaciones; garantizar que quienes trabajaban virtualmente pudieran estar conectados con quienes lo hacían presencialmente.

A su vez ayudar a la gente que ponía su presencia física no sintiera que era castigada respecto de quién trabajaba desde su casa, o que no viviera como una injusticia esa desigualdad producto de su tipo de trabajo.

Que los líderes pudieran coordinar y empatiza con las situaciones particulares de sus equipos -sean virtuales o presenciales-, y que, en todo ese contexto, la gente se sintiera parte de una misma organización y no de varias diferentes, con tratamientos diferenciales hacia sus vidas.

El área de Capital Humano necesitó administrar esas dualidades de la manera más armónica posible para mantener las operaciones en funcionamiento y a la gente en sus hogares con aislamiento, generando modelos de interacción y de trabajo en los que los equipos siguieran sintiéndose equipos, y las organizaciones una unidad. Como siempre sucede, hubo éxitos y fracasos, y modelos más eficientes que otros, pero lo que sí está claro es que fue **el adelanto de un modelo de trabajo que luego se extendería**, con nuevas demandas, desafíos y complejidades.

La cohesión social será esencial en los nuevos ecosistemas de trabajo para mantener el alineamiento y el sentido de pertenencia a una organización o equipo de trabajo. En este aspecto es que considero que el rol de Capital Humano, desde sus metodologías técnicas y habilidades, será esencial para mantener el concepto de organización y equipo con niveles de cohesión aceptables.

Otro punto de inflexión para el área estuvo relacionado con la colaboración y soporte a las comunidades donde operan las organizaciones para poder morigerar los efectos de esa pandemia devastadora. Y no me refiero solo a tomar acciones de cuidado y protección interna, sino también de contención y ayuda a esas comunidades sociales que los trabajadores integran. Fue crucial no sólo para contener los daños, sino también para generar nuevos lazos de confianza entre colaboradores y empresas.

Haber estado presente -ya sea con soporte económico, colaboración física, compartiendo instalaciones o dando contención familiar- en una coyuntura tan difícil, donde la vida familiar se veía seriamente impactada, también ha definido la relación futura y el orgullo de pertenecer o no a una organización.

Nunca se vio con tanta claridad lo que implica la Responsabilidad Social Empresaria, que incluye acciones que van mucho más allá de las fronteras de la propia compañía y qué tiene que ver con la contención social en momentos de crisis.

Para poder extender un modelo de contención interna hacia el mundo exterior, **ha sido clave el rol de Capital Humano y su acción dejará una huella para el futuro de la gestión**.

LA VUELTA A LAS BASES EN RECURSOS HUMANOS

Hace años sostengo que la profesionalización del área de Recursos Humanos en las últimas décadas ha sido esencial para el desarrollo de las organizaciones y para la gestión del talento, como así también para generar mejoras en las condiciones de trabajo a partir de la creación de culturas adecuadas a cada estrategia de negocios.

Durante las últimas décadas, Capital Humano se enfocó en la gestión de la organización y robusteció todo lo relacionado al planeamiento estratégico de la función y a los procesos de transformación organizacional.

Ese desarrollo requirió no sólo de la profesionalización acelerada del área, sino también un recambio del talento disponible. La necesidad de entregar resultados al negocio, contar con indicadores y crear valor para los accionistas llevó a que Capital Humano adquiriera habilidades y competencias, planificando acciones de impacto en la organización, en la cultura y en el liderazgo.

Este foco en la organización y en el planeamiento estratégico probablemente haya restado tiempo a una de las tareas esenciales que tiene la función: la conexión individual y empática con las personas para poder detectar áreas de oportunidad en la gestión de individuos y equipos.

Es probable que las tareas administrativas y el seguimiento de procesos burocráticos y acompañamientos metodológicos a los equipos haya alejado del rol esencial al área: escuchar, entender y generar soluciones adecuadas para los problemas individuales y colectivos de las personas.

Pues bien, la pandemia también fue un shock en ese sentido, porque emergieron necesidades básicas de la gente: En los presenciales, miedos, insatisfacciones e incertidumbre, y en los que estaban en sus hogares, la angustia producida por la soledad; ansiedad por la dificultad de trabajar desde el hogar y la incertidumbre de estar lejos de la oficina.

Todo este panorama hizo que Recursos Humanos necesitara reconectar con las personas a partir de procesos de escucha y sensibilidad, no sólo atendiendo a necesidades básicas, sino también ayudando a los líderes a hacerlo: Llamados a cualquier hora del día para entender cómo se iba a trabajar, dificultades intrínsecas a la salud física o emocional; problemas concretos de ansiedad o depresión fueron muchas de las situaciones que se observaron y atendieron desde el área. Obviamente, muchas de las tareas administrativas y burocráticas fueron relegadas para atender esas necesidades básicas de las personas.

Esta vuelta a la escucha y a la sensibilidad para poder atender problemas concretos de miedo, ansiedad, balance de vida trabajo y virtualidad, logró "resetear" el foco del área, reposicionando la conexión personal, emocional y de escucha con los colaboradores.

EL FUTURO DEL CAPITAL HUMANO EN LOS NUEVOS ECOSISTEMAS

Este reposicionamiento hacia eje de las personas respecto al eje de la organización -que es lo mismo que decir hacia la escucha y sensibilidad en lugar del planeamiento estratégico y la transformación- deberá encontrar un balance en los años venideros para poder entender de qué manera el área ayudará a la convivencia en los nuevos ecosistemas que ya describimos.

En ese sentido, hay tareas muy importantes que realizar en el futuro mediato para eliminar aspectos transaccionales y administrativos, y poner foco en materia de tiempos y recursos a la escucha activa; es decir, a la formación y desarrollo de líderes que puedan, a partir de esa escucha, liderar los ecosistemas de trabajo cada vez más complejos de los que venimos hablando.

Por supuesto, habrá que desarrollar actividades transformacionales, de valor agregado para que desde el punto de vista de las capacidades, la cultura y el talento, los futuros ecosistemas de trabajo puedan funcionar en armonía y de manera eficaz.

Veamos entonces hacia dónde puede ir el área de Recursos Humanos para volver a enfocarse en las personas y organizar el nuevo mundo de los ecosistemas de trabajo.

LA NUEVA NORMALIDAD EN RH

Si bien reconectar con las personas en base a la escucha y la sensibilidad, y acompañar a los líderes para que lo hagan es una necesidad, también lo es que la demanda de aporte estratégico seguirá incrementándose día a día.

Las personas que trabajen en RH tendrán el desafío de generar propuestas de valor concretas y medibles, y diseñar procesos de transformación internos adecuados para los negocios.

Es un hecho que la transformación del mundo del trabajo hacia los ecosistemas laborales ya descritos implica nuevos desafíos para la función de Recursos Humanos, ya que deberá enfrentarse a nuevas demandas de los colaboradores y a la vez, construir lógicas productivas para el negocio y los accionistas.

Esto implica un **replanteo en la dinámica estratégica** del área, esencialmente porque todos los sistemas, procesos y prácticas están pensados para una organización uniforme, donde todos los colaboradores comparten el día a día y quieren desarrollarse en ella por largo tiempo. **El gran conflicto hoy es** que todos esos procesos están diseñados para otro mundo laboral, que ya nada tiene que ver con los ecosistemas que venimos describiendo.

La creación de la mayoría de los procesos desde la fundación de HR tenía como objetivo controlar el flujo laboral, objetivar las discusiones sobre las personas y generar modelos replicables de gestión para economizar costos. El problema central es que aquel mundo en el cual se contaba con procesos internos de control -evaluación de desempeño, evaluación de potencial, sistema de objetivos, procesos de selección, procesos de capacitación, etc. - ya no es el adecuado. En los nuevos ecosistemas deberemos crear cultura y alineamiento -además de trabajo en equipo y gestión del talento- en grupos humanos múltiples, que ni siquiera pertenecen formalmente a un mismo espacio organizacional. De allí que todos los modelos preexistentes de gestión del Capital Humano deban inexorablemente flexibilizarse y agilizarse para dar respuesta a este nuevo mundo.

Los siguientes son los pilares de esta transformación interna de la función y de la gestión del Capital Humano.

DE GESTIONAR PROCESOS A LA TRANSFORMACIÓN DIGITAL DE LA EXPERIENCIA DE LOS EMPLEADOS

Las transacciones con clientes, proveedores, consumidores y empleados han pasado del mundo físico al digital.

El área de RH en donde se necesitaba una cantidad enorme de personas gestionando datos e información, se ha movido hacia modelos donde la misma es autogestionada por los propios colaboradores.

El empleado puede diseñar sus propias necesidades de capacitación, sus diálogos interactivos con sus supervisores y muchas otras actividades que antes requerían de soporte personal.

Los procesos de selección también se encuentran en una dinámica similar. Las plataformas de reclutamiento empiezan a conectar con las páginas de oferta laboral a través de Inteligencia Artificial, identificando candidatos que luego pasan a interacciones digitales para ser evaluados, y que recién en una última instancia son sometidos al intercambio con una persona.

En el mundo de la capacitación está ocurriendo lo mismo. Cada uno puede autogestionar lo que necesita y capacitarse en plataformas digitales.

Toda esa gestión de procesos y herramientas es impactada directamente por la transformación digital que genera, por un lado, la automatización de muchos procesos manuales y presenciales anteriores, y por el otro, un cambio rotundo en la experiencia empleado dándoles a los colaboradores la posibilidad de autogestionar sus datos, su educación, su comunicación y su relación con los superiores.

Inclusive la relación jefe-subordinado se vale ya de herramientas digitales no sólo a través de redes sociales y dispositivos móviles, sino también de plataformas de pulsos y captación del clima interno que permiten a los jefes de los nuevos ecosistemas entender cómo se sienten sus colaboradores distribuidos a lo largo de ese nuevo mundo.

Sin estos dispositivos digitales sería impensable tener ecosistemas, simplemente porque la dispersión, la distribución física y la no pertenencia a un mismo espacio laboral harían imposible la gestión de personas y mucho menos su autogestión.

La digitalización está transformando los trabajos administrativos, y en muchos casos haciéndolos desaparecer a través de la inteligencia artificial, la automatización y la robotización de procesos. Esto no implica necesariamente que habrá menos roles, pero sí que los mismos se reconvertirán y que **mucho del tiempo alocado a dar servicios y respuestas transaccionales será liberado** para poder empezar a dar otro tipo de respuestas, más estratégicas y de agregado de valor.

DE ESTRUCTURAS DE GESTIÓN DEL DESEMPEÑO AL FEEDBACK PERMANENTE

Muchos de los procesos de control mencionados requerían de estructuras de gestión. Quizás la más paradigmática haya sido la gestión del desempeño.

Durante décadas, las compañías intentaron hacer más objetivo el premio y el castigo a los colaboradores a partir de entender las diferencias en los desempeños. Para ello se construyeron sistemas complejos de objetivos individuales con ratings que calificaban esas diferencias; largos procesos de evaluación sobre competencias y habilidades, sistemas múltiples de evaluación 360 en donde el propio empleado podía recibir retroalimentación de sus pares, jefes y subordinados.

Podríamos seguir nombrando muchísimas metodologías utilizadas para intentar hacer más objetiva la discusión sobre el desempeño y sobre todo la administración de la remuneración de cada persona en base a categorías predefinidas.

En algún momento estas metodologías fueron muy eficientes para poder hacer más justos los sistemas de administración del talento y las remuneraciones, pero hoy son probablemente anclas para el nuevo mundo de los ecosistemas. Esto se da por varios factores.

1. Los modelos de trabajo son cada vez más colaborativos. Para estos modelos es muy complejo mantener la sustancial diferenciación entre los individuos ya que, por un lado genera competencia interna y por el otro, atenta contra los objetivos comunes.

2. Esos procesos requerían de planillas y formularios que hoy son demasiado burocráticos para la agilidad que requieren los negocios. Los ecosistemas con personas interactuando en proyectos variados y diversos hacen que las estructuras rígidas en categorías establecidas no sirvan para evaluar ese mundo.

3. Las nuevas generaciones y su demanda de contención feedback a sus líderes choca contra los comentarios estructurados y la periodicidad que conocíamos. En el pasado la evaluación era semestral o anual, y eso ya no sirve una demanda de feedback casi permanente.

En definitiva, el mundo se está moviendo de esas estructuras de gestión tradicionales hacia 2 ejes centrales.

LAS CONVERSACIONES SIGNIFICATIVAS:

Conversar significa decirnos lo que tenemos que decir sin reparos en un marco de confianza y respeto, con el foco en lo que debemos mejorar respecto al desempeño.

Hay una gran tarea aquí para el área de Capital Humano. ¿Cómo ayudaremos en los ecosistemas a que personas que problemente se conozcan mucho menos que en el pasado, que inclusive pertenezcan a organizaciones diferentes, que no sean parte de una misma cultura pero que finalmente necesiten conversar para llevar adelante su trabajo de una manera genuina y colaborativa?

El feedback permanente probablemente ya no tenga que ser cara a cara. Para ello hay una infinidad de sistemas y dispositivos tecnológicos que ayudan a brindar feedback múltiple por parte de todos los miembros de un equipo u organización.

El reconocimiento y la valoración sobre todo para la Generación Z es algo de todos los días. Requieren ser reconocidos, premiados y valorados de manera permanente por pares y jefes, de allí que los sistemas digitales de reconocimiento sean fundamentales para poder gestionar esta necesidad.

En este punto, Recursos Humanos debe ayudar a los jefes de todas las generaciones para poder entender cómo a partir del mundo digital también se puede reconocer al otro y tener un impacto muy positivo en la retroalimentación

DE ESTRUCTURAS FUNCIONALES A EQUIPOS ENFOCADOS EN PROYECTOS

Ya hemos mencionado que las organizaciones tradicionales de las áreas de Recursos Humanos empiezan a perder sentido. Todo lo que tiene que ver con el expertise en temas específicos como el reclutamiento, la capacitación, la administración de las remuneraciones, el sistema de gestión de talento, la gestión de la comunicación, la gestión del clima interno, serán tareas que muy probablemente requieran de pensamiento estratégico dentro de la organización, pero que estarán cubiertas por procesos digitalizados que requerirán de muchas menos "manos".

La clave es entender **en qué punto de esos procesos digitales, Recursos Humanos agregará valor** y cómo participará de los procesos arquitectónicos y de implementación de la nueva infraestructura digital destinada a atender a esos nuevos modelos.

Imaginamos entonces áreas corporativas más pequeñas, pero con alta calidad para diseñar y ejecutar procesos, teniendo una calificación profesional adecuada para subcontratar no sólo servicios tercerizados, sino también herramientas digitales acordes a las necesidades del negocio.

La energía y el foco probablemente esté puesta en aspectos de diagnóstico organizacional y de entendimiento de las necesidades para luego poder traducirlas en soluciones que en muchos casos vendrán del mundo externo.

En síntesis, el diagnóstico de la necesidad del negocio será clave para colaborar en la construcción de soluciones digitales.

Otro de los aspectos que muy probablemente sea cuestionado en los diseños organizacionales de Recursos Humanos sea el soporte funcional a las áreas.

Es decir la alocación de personas del área de RH a las funciones a la que se atiende (Finanzas, Marketing, etc). En la medida en que las funciones estén cada vez más mixturadas por la participación de recursos externos, internos, tercerizados, satélites, etc es probable que no sea necesario poner tanto foco en la estructuración de servicios de recursos humanos que atiendan a esas funciones, sino más bien en un soporte de asesoramiento estratégico que solucione las complejidades del ecosistema y que implemente las transformaciones permanentes que se pudieran generar en él.

De ahí que tengamos que pensar en equipos de profesionales de Recursos Humanos enfocados en el soporte a proyectos y no ya en el soporte a las áreas o funciones de una compañía con el tradicional modelo de Business Partners.

Ese *pool* de talento disponible en Recursos Humanos deberá ser lo suficientemente flexible y capacitado como para poder atender diversos requerimientos del negocio y de los proyectos de innovación que puedan surgir. Por eso, es posible que empiece a disminuir la relevancia de ese experto funcional, y a aumentar la vigencia de las capacidades de adaptación y de entendimiento de las necesidades de transformación de una organización que combine los recursos del ecosistema.

Es decir, **imaginamos que compañías core más pequeñas, pero con muchos empleados satelitales** requerirán de foco en la gestión de proyectos, y de profesionales de Recursos Humanos con capacidad de diagnóstico y de "traducción" a soluciones estratégicas en un marco de máxima flexibilidad.

Esos equipos multifuncionales de Recursos Humanos, muy probablemente contarán con gente de la propia compañía, como así también con externos que puedan ser alocados según la demanda del proyecto.

Podríamos decir que las metodologías ágiles son una de las soluciones posibles para hacer más ejecutivos a dichos equipos, pero no la única. Es importante por sobre todas las cosas que las organizaciones definan su plan de transformación para luego poder entender los proyectos que implementarán y los recursos que asignarán, con o sin metodologías ágiles.

Estos equipos también tendrán una tarea muy importante: gestionar segmentadamente el talento.

Una cosa será gestionar talento de una persona que es parte de una organización madre y quiere quedarse una determinada cantidad de años, y otra diferente será gestionar un freelancer que presta tareas esporádicas en proyectos. Probablemente, a esa persona que no busca carrera habrá que ofrecerle otro tipo de condiciones para poder contar con él o ella.

Esta segmentación implica, por sobre todas las cosas, **entender cada una de las necesidades del talento** con el que cuenta el ecosistema, con sus múltiples objetivos de desarrollo profesional.

Específicamente la gestión del desarrollo y la inmersión cultural de los colaboradores satélites será uno de los más grandes desafíos que tendrá el área de Recursos Humanos.

Surgen muchas preguntas emergentes de las cuales aún no tenemos respuestas:

¿Cómo fidelizar e integrar en la cultura y los procesos a esas personas no son parte de la organización? ¿Cómo tentarlos para trabajar en proyectos múltiples y competir con otras organizaciones que también les ofrecen proyectos atractivos? ¿Cómo generar sistemas de pago adecuados y justos para quienes están fuera y dentro de la organización, pero en un mismo ecosistema? ¿Cómo entrenar y capacitar a estos colaboradores satélites sintiendo que es una inversión productiva y no para alguien que no es parte de la compañía? ¿Cómo comunicarnos con un ecosistema que está esparcido en diversas geografías trabajando de manera diferente y probablemente en algunos casos sirviendo a otros empleadores?

EL FUTURO DEL TRABAJO EN RECURSOS HUMANOS

La dinámica de los nuevos ecosistemas y la aceleración de la transformación digital en Recursos Humanos traerá cambios fundamentales en los roles del área.

Los cambios en los procesos internos y en la organización del trabajo en Recursos Humanos tendrán implicancias en muchos roles, que probablemente se irán reduciendo y otros que empezarán a nacer o crecer.

Entre los primeros, están los **especialistas en servicios**. Como ya vimos, todo lo vinculado a la administración del personal está siendo digitalizado en grandes bases de datos autogestionadas por los empleados. Los procesos de selección, por ejemplo, cada vez están más automatizados vía inteligencia artificial, y la participación del área es estratégica y casi al final del proceso.

En el caso de la capacitación, también la disponibilidad de grandes plataformas tecnológicas de administración de contenidos hace que los propios empleados puedan gestionar su propio aprendizaje. El foco estará en mejorar la adopción de esas tecnologías para que la capacitación sea un proceso consistente y permanente.

Las plataformas de disponibilidad de beneficios -que cada vez son más selectivos- también son autogestionados, e implican otro impacto para los especialistas en servicios.

Las tercerizaciones en Centros de Servicios Compartidos externos para las actividades de bajo valor agregado también tendrán un impacto en estos especialistas. Así, podríamos nombrar una gran cantidad de otras actividades transaccionales que serán cubiertas, ya sea por nuevas tecnologías de digitalización o por centros de servicios compartidos.

Como mencionamos previamente, otro de los roles que cambiará drásticamente es el de los *business partners (BP)*, básicamente porque en los modelos actuales y pasados se confundía esencialmente el soporte y servicio a las áreas con el asesoramiento estratégico.

El primer caso se refiere al soporte y servicio como una actividad de bajo valor agregado, como por ejemplo dar soluciones transaccionales para completar datos, cargarlos o hacer el seguimiento de procesos administrativos según el pedido de las áreas de negocio.

Tareas tales como revisar el cumplimiento de encuestas de clima, de evaluaciones de desempeño, de los objetivos, etc son procesos que naturalmente caían en la mano de los BP y que ahora, al ser trasladados y transferidos a los líderes vía autogestión digital deja a los BP ante la necesidad de transformarse para agregar valor desde otro lugar más importante, como el asesoramiento estratégico para soportar la transformación de las personas, los equipos, las áreas y las organizaciones.

De este modo, estos profesionales de Recursos Humanos serán más consultores internos qué recursos de apoyo a los líderes o a las áreas.

El **asesor estratégico** será uno de los roles más importantes que surgirá en los nuevos ecosistemas, básicamente porque el profesional de Recursos Humanos deberá tener la profundidad de conocimientos adecuada para gestionar un modelo de trabajo absolutamente distinto al del pasado. Deberá asesorar y colaborar con los líderes para gestionar equipos cada vez más complejos, integrados por gente de diversas geografías, procedencias, necesidades y realidades.

Ese asesoramiento estratégico tendrá foco en las necesidades de transformación de los individuos para entender su necesidad en ese momento y dar solución y acompañamiento con coaching para su desarrollo dentro del ecosistema.

Tendrá foco también en las necesidades de esos equipos planteadas como modelos de interrelación y redes complejas, donde la colaboración deberá ser el eje de la dinámica, pero entendiendo a la vez las diferencias en los sistemas de trabajo dentro del ecosistema.

Y por último, entenderá las necesidades de la organización que probablemente demande consolidar una cultura del desempeño sostenida por los equipos del ecosistema para poder obtener los resultados de negocio.

En ese caso, construir sistemas de comunicación, remuneración, capacitación y selección adecuados y eficientes en costos será una tarea absolutamente estratégica.

Otro de los roles emergentes en la nueva realidad es la de **diseñadores de experiencia empleado**.

Como hemos visto, el concepto de desarrollo de carreras a largo plazo se transforma hacia la co - creación de una experiencia empleado adecuada al corto plazo para los colaboradores.

El profesional de Recursos Humanos deberá diseñar ecosistemas en donde la satisfacción para obtener la extra-milla sea el centro de los equipos, gestionando líderes que se adecuen a procesos flexibles y con foco en las necesidades de la gente.

Por último, un nuevo rol emergente será el de los **Expertos en colaboración**, quienes básicamente pondrán foco en cómo ayudar a conectar los nodos de la red de trabajo, o sea del ecosistema.

Estos expertos tendrán que poder establecer procesos lo suficientemente efectivos y flexibles para gestionar proyectos en línea con los objetivos de la organización, con recursos muchas veces distribuidos, a lo largo de un complejo y variado ecosistema.

Generar lazos internos entre los propios colaboradores, y entre esos equipos y la organización madre requerirá de un entendimiento muy cercano al un antropólogo, capaz de hacer una inmersión en un grupo, entendiendo sus características específicas y particulares, conviviendo con ellos pero buscando respuestas y soluciones a su funcionamiento.

Como cierre creo importante mencionar que la única posibilidad de que una organización cambie a la velocidad que requiere el mundo actual es que internamente pueda observar anticipadamente las tendencias del mercado para poder cuestionar lo que se hace y cómo se hace. De allí que el rol de Capital Humano sea tan fundamental en el futuro para ayudar a cuestionar todo lo que se hace en una organización y especialmente, ayudar a los líderes a auto cuestionarse para poder transformarse a la mayor velocidad posible y así responder a las demandas emergentes.

¡Un desafío fantástico para los años que vienen!

LOS CAMBIOS DE ROLES QUE IMAGINAMOS

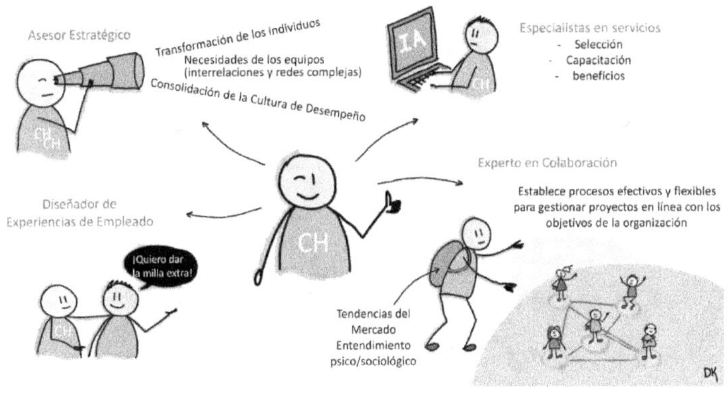

Maison, Pablo
El trabajo en la pospandemia

Ciudad Autonoma de Buenos Aires 2023